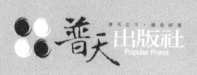
普天 出版社
普天之下・處處好書
Popular Press

茱莉亞‧羅勃茲曾說：「如果你愛一個人，必須立刻大聲說出來，否則機會錯過了，就不會再來。」
的確，有很多原本有機會在一起的戀人，往往都是因為沒有及早讓對方知道自己的心意，
以致於讓剛剛開始萌芽的愛苗，硬生生地在彼此不敢開口告白之中枯萎。
因此，如果你渴望擁有一段美好的愛情，千萬要注意戀愛是開口談出來的。
因為，你不開口「談」戀愛，對方又如何會知道你是不是真的對他有意思呢？

凌雲 編著

love psychology

你一定要學的

戀愛攻略 全集

The Psychology
of Love

男人女人
都必須知道的
談情說愛技巧

出版序 ──────────── • 凌 雲

你一定要學的談戀愛攻略

無論是初戀、熱戀、又或者是長跑多年的戀情，對所有戀人們來說，如何談情說愛都是一門不可不知的學問。

　　愛情是感情尋找出口的交流過程，要懂得主動尋找機會，釋放自己心中的心意。

　　愛情也是一門傳達感情的藝術，想要敲開對方的心扉，獲得心中憧憬的愛情，就不能老是搞曖昧，卻不敢勇敢面對，必須多學談戀愛的技巧，準確而巧妙地表達自己的心意。唯有如此，愛情才有開花結果的可能，否則你與對方只會停留在「朋友」或「曖昧」、「暗戀」階段。

　　作家莫瑞曾說：「世界最長的情路，是從心裡到嘴巴。」

　　這句話，想必讓許多想談戀愛卻不知如何開始的人心有戚戚焉。

　　當我們對某人產生愛意，通常都會把愛意擱在心裡，當我們對某人萌生愛意，往往想要說出口，又提不起勇氣，因為，我們都會怕萬一開口向對方告白，會讓自己的美夢從此粉碎。

　　問題是，如果不敢開口談戀愛，只讓愛意悶在心底，不僅

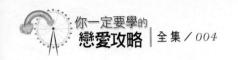

無法知道自己心儀的對象是不是也一樣愛自己，還會錯過一段可能的愛情。

「談戀愛」，顧名思義，就是用嘴巴把彼此的愛戀談出來的，渴望愛情的人應該懂得如何開口「談」，才能順利和愛慕的對象交往。

「談情說愛」，最大的關鍵，就是在一個「談」字。

談得好成功在望，談得不好各奔東西。想從朋友轉變成戀人，自然也得靠言談來拉近距離、確認關係。

所以，要「談」就必須談出「愛情」來！

茱莉亞·羅勃茲就曾經說過：「如果你愛一個人，必須立刻大聲說出來，否則機會錯過了，就不會再來。」

的確，很多原本有機會在一起的戀人，往往都是因為沒有及早讓對方知道自己的心意，以致於讓剛剛開始萌芽的愛苗，硬生生地在兩人不敢開口告白之中枯萎。

因此，如果你渴望擁有一段美好的愛情，千萬要注意一件事：戀愛，都是開口談出來的。因為，要是你不願大膽開口「談」戀愛，對方又如何知道你是不是真的對他有意思呢？

在有幸成為戀人之後，或許你們十分幸運，交往了很長一段時間。但如果少了「談」的步驟，交往的過程中少了溝通，卻多了越來越多的隱瞞，久而久之，再好的感情也很容易變質。

丁尼生曾經寫道：「許多沒有結果的愛情，都是因為彼此在戀愛的過程中，有許多該談的事情，沒有說清楚。」

男女在談戀愛的過程中，最忌諱的就是隱瞞了不該隱瞞的

事情。過多的粉飾及不坦白，只會讓愛情逐漸走向破裂的邊緣。

千萬別忘了，猜疑是愛情之樹上的一把斧頭。愛情一旦失去坦誠的基礎，崩毀也只是遲早的事了。

如果你想讓自己的愛情開花結果，那麼即便冒著可能跟對方分手的風險，也必須將一些隱瞞不了，遲早會東窗事發的事情跟對方談清楚。

因為，這總比在最後被對方發現，再來不歡而散要好多了。

平心而論，在眾多的人當中，兩人能夠走在一起，是因為你們之間能夠心心相通，這是一種緣分，雙方都應該珍惜這種緣分。

無論是初戀、熱戀，或者是長跑多年的戀情，對所有戀人們來說，如何談情說愛都是一門不可不知的學問。

如果不多多注意，掌握各種訣竅，那麼就很容易因此錯失你的真命天子或真命天女了。

本書就是讓女人瞭解男人的心理構造和自己有什麼不一樣，也讓男人知道女人的心理如何運作，順利地將內心的話語說出來，順利溝通彼此的情意。

1

PART

沒有一次就成功的愛情奇蹟

戀愛是談出來的，沒有人第一次就能得償所願，
要獲得美好的愛情，就必須具備堅持到底的精神。

2

PART

愛需要勇敢的表白

當愛情悄悄爬上你的心頭，千萬別忘了，
愛情雖然需要含蓄與羞澀，
但是愛更需要你勇敢說出口！

找對人，才能有美好的戀愛

PART 3

想談場成功的戀愛，

找到對的人可說是十分重要的關鍵。

要是對象不對，

任憑妳再如何努力費心經營，

依舊不會有好的結果。

開始談場成功的戀愛

PART 4

戀愛是要開口「談」出來的，

以對方喜好的主題為中心發展談話內容，

將會為你帶來成功的戀愛開端。

5 甜言蜜語就是愛的最佳武器

PART

只要在對方需要柔情撫慰的時候
巧妙的運用甜言蜜語，
往往就能在愛情戰役中大獲全勝。

6 了解對方，愛情才能百戰百勝

PART

雖說感情不能強求，但只要了解彼此在戀愛過程中
不同的心理特點，一樣能採取正確的方法，
在愛情戰場上贏得對方的心。

7
PART

攔截妳的白馬王子

要知道，情感這種東西是十分微妙的，
當他一旦發覺妳已經成為他
生活中不可缺少的一部分時，
自然逃不出妳的手掌心了。

8
PART

愛情不需要翻譯

愛的心意不需要翻譯，
尤其是對於青春的戀人來說，
直接大膽的公開表述，
絕對最能夠打動對方的心。

PART 9 用心就能讀懂他的心

要看穿情人的心意，
不必透過太多翻譯，
只要夠細心體貼，
自然就可以明白對方的心。

PART 10 不需猜心，才是完美愛情

唯有以誠懇的態度面對，
兩人才能創造出真正互信、互知，
無須猜心的完美關係。

愛情需要更多活力

PART 11

不妨多為生活注入一些新鮮感，
讓愛擁有源源不絕的活力，
也讓這份「心意無須翻譯」的默契得以長存。

如何讓心愛的人敞心扉

PART 12

據心理學家介紹，
女人對於不具體的約會有排斥的心理，
因此，當你與女友交往時，
必須注意約會地點和邀請的方式。

多溝通，心意才能一點就通

很多時候，
人們經常認為自己的心意對方「應該」要一清二楚，
這種「理所當然」往往就是爭執最大的來源之一。

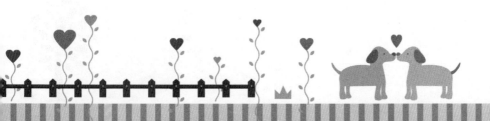

1.
沒有一次
就成功的愛情奇蹟

戀愛是談出來的，沒有人第一次就能得償所願，
要獲得美好的愛情，就必須具備堅持到底的精神。

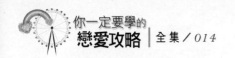
想談好戀愛，需要一些戰略

想獲得一份真正的愛情，就必須懂得博取對方好感的方法。有了充分的愛情戰略，你的戀情才會有個美好的開端！

　　愛情需要培養，更需要開口「談」。男人女人都需要懂得談戀愛的技巧，能與交往對象快樂地交心，明瞭彼此的心意，才是愛情開花結果的前提。

　　不管是生理或心理，兩性在許多方面都是截然不同的。

　　就拿面對戀愛的態度來說吧！絕大多數的女性通常認為，「親密」才是愛情最重要的因素，因而在戀愛之中，多半渴望和男性建立起焦不離孟、孟不離焦的關係。

　　也就是說，女人追求的是情感方面的高度親近。這也就是為什麼，一旦女人愛上男人就會表現得十分積極的原因。

　　但是對男性而言，「吸引」或許才是愛情中最重要的部分。

　　男人認為，吸引異性的重要武器，應是自身的才華能力，而非自己表現出多少熱情與真心。

　　所以，他們希望女方盡可能大方表現自己的一往情深，但卻覺得自己付出柔情蜜意是一種娘娘腔、沒志氣的表現，即使內心熱情如火，也不願意做出過於坦率的表示。

除此之外，男女雙方的擇偶標準也有著顯著的差異。

女人注重的往往是男人的才華、職業、經濟條件等，男人則較著重於女人的外貌和性情。

一般人或許認為，在選擇結婚對象時，男人「應該」會比較實際，但事實上，真正面臨擇偶時，女人反倒比男人實際多了，所要求的條件往往十分具體而「有用」；男性卻比較浪漫，幻想成分多了一點。

再者，無論是選擇戀人或是追求愛情，男性通常也更強烈和主動，由於他們擇偶更注重異性的外表，所以一張美麗的面孔，一個動人的微笑，都可以輕易讓他們動情，並很快墜入情網。

在追求的過程中，男人不喜歡玩你追我跑的愛情遊戲，而是常在初期就表現出強烈的成功慾和佔有慾。

女性尋覓戀人，往往是希望找到一個可以信賴、依靠的終身伴侶，因此十分計較對方的內在素質和實際本領如何。

雖然一般說來，女人對愛的熱情和專注似乎強於男性，但那是在她們認為對方值得信賴以後；戀愛初期的女人是非常謹慎的，不會一下子就陷進愛河中無法自拔。

要知道，在今日社會，每個人對於男女關係的認知，和過去那種只要牽牽小手就可以算是交往的年代已經大不相同了，就算男女有了更進一步的身體接觸，最後也不一定會迸出愛情的火花。

因此，要想獲得一份真正的愛情，無論哪一方，都必須懂得博取對方好感的方法，並了解自己的優點和缺點。

有了充分的愛情戰略之後，戀情才會有個美好的開端！

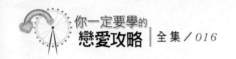
善用眼神，讓妳更有魅力

不管心裡的想法如何，戀愛一開始的時候，
顯露在外基本的尊重是絕對不可少的。

對於剛認識的男人，女人究竟該表現得一見如故還是拘謹？
是熱情洋溢還是莊重矜持？

無論妳決定用何種態度面對對方，在妳明顯表現出來之前，
千萬別忘了注意自己的眼神。

見面時握手是基本的禮儀，無論是疏遠的輕握，還是緊緊
相握，眼神都能決定妳給對方的第一印象究竟如何。

試想，當妳和對方的手緊密握在一起時，眼睛卻望著別處，
對方會不會認為妳毫無誠意？

如果目光越過對方的頭頂看著後方，那麼他必定會覺得妳
十分傲慢；若妳兩眼過於低垂，他就更猜不出妳到底在想些什
麼了。所以，無論如何，寒暄之前，妳的眼睛都不能離開對方
的臉部。

當然，就在妳觀察、分析對方的同時，對方也在分析著妳。
並且，這種對視後的感覺和反應，往往也能讓妳做出迅速的判
斷，決定自己該用何種態度對待這個男人。

　　毫無疑問，如果對方實在長得太抱歉，妳可能會恨不得掉頭就走。如果對方一臉冷峻、目光銳利，或許也會讓妳想躲避。

　　如果對方氣宇軒昂，那麼妳大概會以相見恨晚的熱情，急著向他靠近。

　　如果對方極其普通，走在大街上很難被人發現；看上去既無志向也無脾氣，甚至有些窩囊，妳或許會選擇保持沉默，什麼也不想說。

　　妳可能會出現以上種種感覺，或許這所有的感覺都是對的，然而，若是僅憑這些感覺來判斷對方，並斷然決定和妳的新朋友劃定親與疏的距離，未免顯得有些不科學。

　　這種以貌取人的做法不僅太過武斷，同時也可能傷害了對方。

　　聰明的女人常用眼睛「說話」，其實指的就是多觀察，含蓄而溫和的接納對方。與對方交談之前，儘量讓對方充分感受到妳對他的尊重，同時也體現出妳的素養。

　　人人都讚美蒙娜麗莎那具有永恆魅力的迷人微笑，但妳知道她的真正魅力究竟在哪裡嗎？是豐滿的前胸、圓潤的下巴、飄逸的頭髮，還是一再被稱道的嘴角？

　　事實上，蒙娜麗莎微笑的魅力，關鍵就在於眼神。

　　從那雙眼睛裡流露出來的，是人類普遍追求的親切感，讓人一看到她的微笑就感覺心情愉悅。

　　蒙娜麗莎畢竟只是一張畫，她永遠不會開口，誰也不知道她心裡究竟想些什麼。然而，她的微笑、眼神和表情，卻能讓人為之折服。

　　同樣的，不管妳心裡的想法如何，異性剛開始接觸的時候，

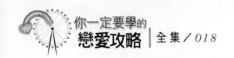
顯露在外基本的尊重是絕對不可少的。

　　如果能夠做到這一點，那麼一定能吸引到真正的白馬王子
出現在妳面前。

愛情備忘錄

　　戀愛是人對異性之美所產生出來的，一種心理上的燃
燒情感。
　　　　　　　　　　　　　　——愛爾蘭作家蕭伯納

笑容滿分，戀情就能順利得分

要是妳正打算和某人步入愛河，別忘了善用妳
那甜美，如銀鈴般悅耳的笑聲，對戀愛運一定
有十足的加分作用。

　　如果說，妳想得到某個男人的愛情，切記，千萬不要選擇
牢牢抓住他，這樣只會讓他覺得窒息。當然，太過放鬆也不行，
否則，這個男人可能很快就不屬於妳了。

　　一般來說，女人想擄獲男人的心並非難事，但如果想長期
讓男人至死不渝的愛著妳，那就要花點心思了。

　　對付男人，最好的方法，就是讓自己永遠看起來順眼。

　　所謂順眼，並不見得一定要美若天仙，最重要的就是要讓
男人折服，折服於妳的內涵、溫柔體貼以及個人特質。

　　除此之外，女人甜甜的笑聲，往往也會讓男人著迷。問問
周遭的男性吧！相信他們都有過這樣的體驗。

　　女人本身是溫柔的，甚至有些女性在異性面前更是顯得拘
謹，不好意思發出爽朗的笑聲。

　　過去的傳統觀念裡，女人必須優柔文雅的微笑，這樣才算
是一個有教養的淑女。但其實，隨著時代越來越進步，面對男
性時開朗的笑出聲來，似乎更能讓對方感覺到妳用心在聽他講

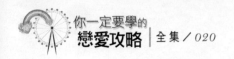

話，對方反而會感到更如沐春風。

　　簡單的說，妳無須太過擔心「氣質」的問題，因為只要是發自內心的笑聲，一定會是充滿打動人心的魅力。

　　面對心儀的戀愛對象，適時展露出自然而不做作的笑容，更是一項愛情的必殺秘技。

　　要是妳正打算和某人步入愛河，別忘了善用妳那甜美，如銀鈴般悅耳的笑聲，相信這對妳的戀愛運一定有十足的加分作用。

愛情備忘錄

不會笑的女人，是世上最令人厭煩的。

——英國作家薩克雷

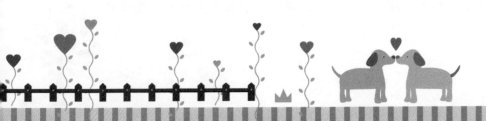

鬥嘴也是愛的表現形式

> 輕鬆浪漫的鬥嘴不只能加深彼此的了解，增
> 進感情，同時也有調劑愛情生活，使戀愛更
> 加多姿多彩的作用。

　　玩過碰碰車的人都知道，碰碰車最大的樂趣就在於東碰西
撞、你攻我守。這種新鮮與刺激絕不是平常開車可以體會的。

　　年輕戀人之間的鬥嘴，有時也像是碰碰車，常為一句無關
緊要的話，一件微不足道的事吵得不可開交，局外人很難領會
其中的奧妙與樂趣。這交流方式，甚至也可以說是一種愛情的
養分。

　　一般來說，戀人間鬥鬥嘴，通常並不是真的要解決什麼實
質性的問題，或做出什麼決定，但在這樣你一言我一語的過程
中，兩個人的心卻可以因此變得更緊密。

　　這種鬥嘴看起來跟吵架很相似，但與吵架最不同的是：鬥
嘴時雙方都是以輕鬆的態度說出那些尖刻的言詞，有了這層感
情保護膜，鬥嘴就成了一種只有刺激愉悅卻無危險性的「軟摩
擦」，是表現親密的最好方式。

　　不過，鬥嘴也有它的規則，不能夠只為了刻意追求效果，
因而說話口無遮攔，因而如果要想以鬥嘴來加深了解，可以選

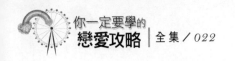

擇一些不涉及雙方感情或個人色彩的話題。但假如彼此對對方的性格特點都比較了解，就比較沒有這方面的禁忌了。

戀人間鬥嘴，最愛用戲謔的話語來揶揄對方，往往免不了誇張與醜化。但是這種誇張與醜化，也要顧及對方的自尊，最好不要涉及對方很在乎的生理缺陷或挖苦對方很敬重的人，更不可攻擊對方父母或偶像。

正因為鬥嘴具有形式上尖銳，實質上柔和的特點，比一般的甜言蜜語擁有更多展示情侶間真實感情，與豐富個性的廣闊空間。在這種輕鬆浪漫的溝通過程中，不只能加深彼此的了解，增進感情，同時也有調劑愛情生活，使戀愛更加多姿多彩的作用。

愛情備忘錄

戀愛除了給人在心理上帶來積極，還可因男女雙方間的感情交流及關懷，打破人與人的孤獨和疏離感。

——精神心理學家弗洛伊德

第一次約會要多用心思

如果懂得練習那些戀愛初始階段該有的談話技巧，那麼這段戀情成功的機率，也許就又更高了！

究竟要如何開始一段戀情呢？

法富蘭克林是這麼說的：「希望被人愛的人，首先要懂得如何愛別人，同時也要使自己變得可愛。」

無論男女，在談戀愛時，口才都需要比平時更細膩，要特別謹慎，不能亂說。要是說了不恰當的話，有時甚至會引起不必要的麻煩。

有很多人雖然已經成功的與對方訂下約會，但卻不知道在約會時應該說些什麼才好。同時也很想知道，在第一次約會中，跟對方說喜歡之類的字眼是不是恰當？

你必須知道的是，約會成功與否，跟你自己本身具有的魅力大有關係。

最重要的是，與其淨說些自己的事，還不如熱心傾聽對方說話，一面注視著對方的眼睛和嘴巴，一面側耳傾聽，表現出對對方的話很感興趣。

特別是對方說到自己感到很得意的事情時，更要表現出你

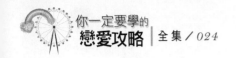

也覺得非常有趣，讓他能有所覺察。

開口說話時，表情要開朗，說話要清楚，對於對方的問話，也要做出簡單明瞭的回答。

事先準備好話題也是很重要的。如果知道對方對哪一方面有興趣的話，那麼就多準備和這個主題有關的談話題材。

其次，適度的誇讚對方也是成功的秘訣。

但太過明顯的逢迎拍馬是行不通的。至於對方的長相和身材，最好避免在第一次的約會時稱讚。

男方不妨稱讚女方的髮型、服裝、氣質；女方不妨稱讚對方的知識、技術、觀點……等。

約會時應該避免的，是表現出不滿的情緒，以及隨意評別人。不管談論的對象是誰，這些話題不僅會破壞約會時應有的快樂氣氛，同時也會讓對方對你的為人感到懷疑。

至於第一次約會，大膽的說「喜歡」是否恰當？

答案是最好不要。

初次約會，往往還不能很了解對方的心意，如果貿然提到這種問題，反而會令對方感到不知所措，甚至可能不會再有第二次約會出現了。

要知道，如果對方願意赴約，就表示應該不至於討厭自己。千萬不要忘了，愛並不是單方面的一廂情願，必須從一次次的相處中自然培養。

即使「喜歡」兩個字沒說出口，如果能夠察覺對方友好的態度，其實就等於是喜歡的表現了，不需要特別說破。

一般人多半不會特別計算在哪個時候，應該用多少時間說些什麼話，然而只要試一次，練習計算時間說話，往往會有意

想不到的絕佳效果。

　　參加考試時，每個人都會用心準備，這是因為對所有人來說，考試是一件重要的事。

　　同樣的，假使你十分重視這次約會，多費一點功夫練習如何說話，其實也不算太過慎重其事。

　　如果懂得練習那些在戀愛初始階段該有的談話技巧，那麼也許這段戀情成功的機率就又更高了！

愛情備忘錄

　　我敢肯定的說，可以使人的天性在剎那間覺醒過來的唯一媒介，就是愛情。　　——印度作家泰戈爾

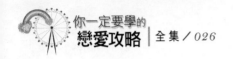

女人靠耳朵談戀愛

對於女人這種靠著耳朵談戀愛的動物，在付出真誠的心之餘，更是要懂得運用技巧，才能夠牢牢抓住女人的心！

「如果你愛我的話，那就證明給我看。」這是女人經常掛在嘴邊說的話。

這是因為，女人往往希望在有形的形式上，確認「自己對對方來說是不可缺少的人」。

女人天生要求承諾的慾望就很強，戀愛中的女人就更不用說了，但男人卻往往對此感到畏怯。

在男人看來，不管再怎麼愛對方，「我愛妳」這三個字只要說過一次，就不想說第二次了。

可是，對女人而言，說出來卻經常比做出來更重要。

再者，無論女人多麼聰明，和男人比較起來，抽象思考問題的能力依舊較為薄弱。也就是說，女人對於實際具體的事物會比較容易理解。

對女人來說，像是「漂亮」、「可愛」等讚美，都是十分抽象的，非但不能打動她們的心，反而會讓她們覺得沒誠意。

因此，為了讓女人更容易接受你對她的讚美，不妨試著用

更具體的形容方式表現。譬如，「妳的頭髮很有光澤」、「妳的眼睛真是迷人」、「身材真好」、「聲音很好聽」……等等。

要知道，女人不管再美，難免還是對自己的面貌或身材不滿意，甚至某些男人看來根本就微不足道的問題，女人也很容易耿耿於懷。

所以，如果你的讚美太過抽象，反而會讓對方誤以為是在敷衍她，對你就不再信任了。

整體來說，人類接受外界資訊，主要靠視覺和聽覺，若是再細分，男性多半屬於視覺型，而女人則多屬於聽覺型。所以，女性對語言的表達與感受力，通常都強於男人。

針對這一項特質，如果你能適時在她身邊說幾句情意綿綿的話語，一定會讓她感到無比幸福。

另外，人們對於別人在背地裡究竟談論了些什麼，往往都十分敏感，尤其是女性，這些話對她們的影響更是巨大。之所以如此，或許是因為女人比較在意別人的看法自己，而來自周遭的聲音又最客觀的關係。

所以，更進一步來說，如果你直接對剛認識不久的女人說些恭維的話，相信一定很難取信於她。

這個時候你千萬別用太主觀的語氣對她說「妳真漂亮」，而是應該這麼說：「聽朋友說妳很可愛，果然是真的。」

多用像是「聽說」這類客觀的用語，她反而更容易接受，而且還會因此對你的印象特別深刻。

簡單的說，要讓女人認為你說的是真實的，就必須用客觀的說話方式包裝你的主觀感受，這樣一來，靠著言談搭訕成功的機會才會大大增加。

　　談戀愛，說穿了就是靠著「談」字一步步打動對方，讓對方對你萌生情感。尤其對於女人這種靠著耳朵談戀愛的動物，男人在付出真誠的心之餘，更是要懂得運用技巧，才能夠牢牢抓住女人的心！

愛情備忘錄

男人愛女人，是因為她們已經是自己所希望的那樣；
女人愛男人，卻是因為渴望男人變成自己所希望的那
樣。
　　　　　　　　　　　　　　　　──德國詩人歌德

沒有一次就成功的愛情奇蹟

戀愛是談出來的，沒有人第一次就能得償所願，要獲得美好的愛情，就必須具備堅持到底的精神。

世界上很少有一次就成功的愛情奇蹟。因此，如果你的愛情正好遭遇到挫折，也別輕易灰心喪氣。

一次不成，下次再來，第二次不成，還有第三次。不怕失敗，正是追求女人最重要的訣竅。

也就是說第一次被她拒絕之後，不妨再次努力。也許，第二次她還是會說「不」，可是別灰心，如果你再問她：「真的不要嗎？」或許她的回答就變成了：「你猜！」而且還會含情脈脈的望著你微笑。

這是因為，大多數女性受到邀請時，往往會被對方的誠意感動，因而不好意思拒絕。

如果真要拒絕的話，她們也會儘量用緩和的口氣表示：「我不知道這樣拒絕你，會不會讓你難堪？」

甚至有的時候，女人只是顧及自己的立場，生怕別人嘲笑她不夠矜持，連假裝一下再答應都不會。

更多的時候，她們也會因為「他會不會因此而看輕我」這

種無聊的不安心理，回絕異性的邀請。

因此，如果你第一次告別白被回絕了，請繼續努力。

也許她有其他拒絕你的原因，但失敗爲成功之母，很多事情的成功都是從失敗中得來的，只要有足夠的誠心和毅力，一定可以打動她的芳心，共譜美好的戀曲。

要知道，戀愛是談出來的，沒有人第一次就能得償所願，要獲得一段美好的愛情，就必須具備堅持到底的精神。

只有那些能夠持之以恆的人，最後才能夠成功到達幸福的彼岸，與對方共譜浪漫戀曲。

愛情備忘錄

情場上的失敗，並不是人生的失敗，用不著消沉灰心，否定自己。

——作家羅蘭

適度妥協，愛情才能長長久久

愛要愛得美好順利，需要彼此適度妥協讓步，更重要的就是經常溝通。如此你們的愛情才能細水長流。

常聽到有人說：「相愛簡單，相處太難。」

在戀愛之初，往往覺得兩人性格相投、相處融洽，但為什麼交往越久，就越發現彼此間有那麼多的差異？

其實，男女本來就是截然不同的兩個個體，需要靠著溝通使相處更順利，因此語言的溝通在戀愛交往之中，有著極其重要的作用。

在性格差異越大的戀人身上，我們往往更容易發現一些與自己明顯不同調的特點，或者會遭遇到一些不熟悉、不習慣的東西。如果太過挑剔那些與自己大不相同的特質，結果往往是不堪設想的。

感情很好的情侶往往都有一個共同的想法，那就是願意為這段關係的和諧付出代價。畢竟，愛情的確是一種需要時間考驗和精神投資才能持續維繫下去的情感。

一個人在受到委屈時，特別需要諒解、關懷和安慰，尤其女性更是如此。當她因為某些事忙得心煩意亂而生悶氣時，此

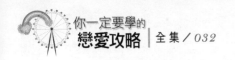
刻，只要幾句安慰話，對她來說便勝過所有。

　　不管是任何一方，在生活中都難免遇到不愉快的事，在工作中也難免有挫折，這時，來自戀人的安慰和鼓勵就十分重要了，因為它能帶給人無比的勇氣和力量。

　　再者，幽默在很多場合都可以發揮作用，對於戀愛生活也不例外。

　　要使幽默發揮作用，就得在適當時機使用，適時的說笑打趣，可以讓兩人都放鬆心情，使愛情更美好。

　　愛要愛得美好順利，需要彼此適度妥協讓步，相互體貼關懷，更重要的是經常溝通，如此，你們的愛情才能細水長流。

愛 情 備 忘 錄

最美的愛情，分析起來只是無數細微的衝突，與永遠靠著忠實的媾和。
　　　　　　　　　　　　　　——法國作家莫洛

愛就要體貼她的心

 要懂得站在對方的立場思考，而不是一味以理智分析，忽略了她的感受。能做到這一點，戀愛才能算是談得成功。

毫無疑問的，體貼對方的感受，深入了解對方的內心，是讓一段愛情不斷延續的要素。

也許女人天性多疑，也許女人情緒易變，但作為一個男人，在對方心情欠佳的時候，還是必須多說一些安慰、體貼的話來緩和她的情緒，千萬不能再火上加油。

一旦感覺有人在背後支持自己時，她的心情就容易慢慢轉好，雙方即可度過短暫的低潮期。

當女人心煩意亂時，會開始抱怨生活。男人這時只要聽她抱怨，別拒絕她，也不要顯得不耐煩，等她抱怨完自己的問題。

記住，男人要做的不是幫她尋求解決方案，她真正需要的是安慰。

如果她說：「我沒時間出去，有好多事做不完。」

這時候，你絕對不能說：「那就別做這麼多事，妳應該好好休息放鬆一下。」

而是應該說：「是啊，妳真的有好多事要做。」然後體諒

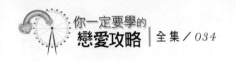

的聽她細說每一件事。

說完後，再問問她是否需要幫助。

當女人擔心男友不夠愛自己時，可能會開始問很多問題，有的是關於戀愛雙方之間的關係，有的則是關於男友的感覺。例如，你有多愛她，或者覺得她的身材如何等。

同樣的，這時候不需要為這些問題找出一個理智的答案，因為她只是想確定你是否還愛她。

打個比方，如果她問：「你覺得我胖嗎？」這時候男人千萬不能回答：「是啊，不過那又如何？」或者：「妳不需要這麼要求自己，我不在乎妳的身材如何。」

而是應該說：「我覺得妳很美，而且我喜歡這樣的妳。」然後給她一個大大的擁抱。

女人都希望自己的付出能有所回報，這樣她會更加努力。所以當她發現自己付出的遠比所獲得的要多，而她心情正好又處於低潮時，會產生怨恨的感覺也是必然的。

至於怨恨對象有可能是她的伴侶、工作、生活、父母甚至交通狀況或其他事情。

這時候可別指責她，說她想法太負面或不講理，也不要嘗試立即把她從這些情緒中拉出來。

如果她說：「我討厭我的主管，他的要求太多了。」你可以站在她的立場，跟她一起大罵：「他到底知不知道妳做了多少事？」聽她抱怨。

女人最不希望的，就是對方對那件事不屑一顧，認為她小題大作。她需要的是把事情說出來，發洩一下情緒，希望對方能跟她站在同一陣線上。

這也就是親密關係的意義所在。

　　戀人的安慰對女人來說，能有緩解精神壓力的作用。因此，你首先要做的，就是表現出重視對方不快的情緒，再以溫和的語言勸慰，雙方的感情才會因此更加和諧。

　　戀愛相處之道，就在於懂得站在對方的立場，體諒她的想法跟處境，而不是一味的以理智分析，忽略了她的感受。能夠做到這一點，戀愛才能算是談得成功。

愛情備忘錄

除了給予這項因素，愛的主動性還在於關心、責任、尊重和認識。　　——美國社會學家埃利希·佛洛姆

2.

愛需要勇敢的表白

當愛悄悄爬上你的心頭，千萬別忘了，

愛情雖然需要含蓄與羞澀，

但是愛更需要你勇敢說出口！

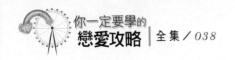

愛需要勇敢的表白

當愛悄悄爬上你的心頭，千萬別忘了，愛情雖然需要含蓄與羞澀，但是愛更需要你勇敢說出口！

所謂絕佳的告白機會，很可能就是任何一刻；只要理想的對象出現，就應該將他緊緊抓住，再大障礙和挫折也沒什麼可怕的。如果最終能因此找到一個理想的戀愛對象，那麼現在遇到一點點阻力又有什麼關係呢？

在你或妳的生活周遭，或許就有這麼一個外表看起來風度翩翩，實際上性格卻十分保守內向的男人或女人。也許他很想認識某位女孩，但卻因為種種顧慮，最終只能保持沉默。

類似這樣的情況在生活中可說是隨處可見，也無男女之分。

本來可以順利相識、相戀的男女，只因為各自的心理作祟，或者在一個清風徐徐的早晨，或者在一個月兒朦朧的夜晚，彼此就這麼擦肩而過了。

這樣的「戀情」固然有種神秘的美麗，但終究沒有收穫和擁有。如果兩人在擦肩而過的剎那，能給對方一個訊息，那麼一段動人的愛情故事也許可以就此展開。

換句話說，愛除了心靈的感應與感覺外，還要有行動的表

白。

不論是愛或者被愛，都是一件很幸福的事。但幸福不是等來的，需要努力創造。當你遇到一位自己喜歡的人，要是在什麼都沒有開始時，就以為「他不一定喜歡我」，那麼你可能會真的失去他，失去選擇的機會。

如果每個人都想著，「如果被拒絕，我該怎麼辦？」那麼，永遠也不可能得到真愛！

很明顯，問題並不在於會不會被拒絕，而在於克服這種自卑不安的想法以及自愧不如人的心理，這才是問題的關鍵所在。

假如你很想與自己喜歡的人約會，可能會盯著電話呆坐半天，拿起電話拿起又放下，就這樣反反覆覆，猶豫不定。

事實上，只要鼓起勇氣撥通電話，事情就會完全解決，你也就從此掙脫了那種焦急如焚的心境，即使遭到拒絕也沒有什麼大不了的。只要保持輕鬆的心情，就會發現焦慮不安都是多餘的。

你應該知道，這種怕對方拒絕而引起的心理恐懼感，往往比實際被拒絕更使人難受。

人與人之間必須透過語言表達情感，少了這種交流，戀愛也多半不會成功。因此示愛時的言辭表達，可說是十分重要的一件事。

在告白中最困難的一件事就是開場白，不過這一點都不困難，只要你不故弄玄虛，事情就容易得多了！

開場白是進行接觸的第一步。假使是頭一次約會，像是「今天過得真開心」這些簡單的話題，就足以表達你的興趣，打破沉默的牆。

　　或許有人認為，只要開口就必須言之有物，不然乾脆別說，許多名人都說過「沒話不要找話」之類的名句。雖然這個忠告在大多數時候確實是對的，不過，要是用在戀愛之中卻完全行不通。

　　「空洞」、討人歡心的交談內容，可以說是戀愛的利器之一。「我喜歡這件裙子」、「你今天的頭髮很有型」……等展現個人特色的評語，比起「你對族群問題有何看法？」這樣「有內容」的言論更能奏效。

　　當愛悄悄爬上你的心頭，千萬別忘了，愛情雖然需要適度的含蓄與羞澀，但是愛更需要你勇敢的說出口！

愛情備忘錄

愛情可以刺激懦夫，使他鼓起原有的所有勇氣。

——莎士比亞

愛要追求，不必苦苦哀求

在愛情上擁有一定的自信，就能夠展現出妳的獨特魅力。也正是這種魅力，才能讓妳在情場上無往不利。

　　雖說男人永遠抗拒不了女人的溫婉柔情，不過，女人也無須爲了追求愛情，做到毫無自尊的地步。

　　雖然妳喜歡對方，對方也無權看輕或踐踏妳的感情，但過分緊迫盯人，死黏活纏的倒追，只會造成對方的心理負擔而已。

　　隨時給雙方一個退路和喘息的空間，尊重彼此的感受，就算沒有愛情，還是可以成爲朋友的。

　　不論妳採取何種追求方式，也不管結局是相看兩不厭，還是相看兩瞪眼，都必須確定對方是否有基本的道德素養。

　　或許是虛榮心作祟，有的男人一被女人示愛，就會到處敲鑼打鼓昭告天下，唯恐眾人不知道自己的男性魅力，甚至還會藉機毛手毛腳。

　　面對這樣的人，就算妳的迷戀再深，都要懂得保護自己，別讓對方利用妳的感情爲所欲爲。

　　雖然有句話說：「男追女隔層山，女追男隔層紗。」但這必須是在雙方兩情相悅的情況之下才會成立。

如果只是單方面自作多情，而他並不愛妳，那麼就算技巧
再如何高明，想要感動對方付出真情，這也是不可能的事。

所以，在妳真的鼓起勇氣，打算放下矜持展開行動前，最
重要的還是必須先有一份健全的心理建設。

要告訴自己，追求真愛並不等於廉售自己的感情，而男人
也絕不會喜歡一份廉價的愛情。

要知道，在愛情上擁有一定的自信，就能夠展現出妳的獨
特魅力。也正是這種魅力，才能讓妳在情場上無往不利。

愛情備忘錄

愛情得到的報酬，若不是對方償還的愛，便是對方內
心深處的暗暗蔑視。　　　　　　　　——英國作家培根

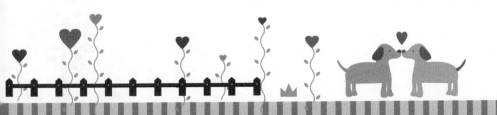

勇敢追求你的所愛

追求一個人並沒有什麼不好意思的，假如你對她傾心已久，不妨用行動來表達。被動的等待只是徒增煩惱。

在情場上，一旦心裡認定了目標，就要鼓勵自己主動出擊，勇往前進。

追求愛情是人生的成長過程，沒什麼好難爲情的。

有句話說：「世間只有藤纏樹。」

事實上，若把藤與樹比喻爲男人女人，藤纏樹，樹也緊緊纏著藤，彼此不分你我，交織在一起就是愛情。

愛情的建立，必須要靠相互欣賞爲基礎。

曾經有人做過這樣一次調查，現代的女性，最欣賞的不是男人英俊的外表，也不是男人瀟灑的風度，而是膽量。

也就是說，追求愛情，必須要有膽量。但是，這並不意味著一味猛攻猛打，而是靠策略，並非僅憑滿腔熱血就可以了。

一見鍾情之後的第一次接觸，是十分關鍵的一刻。一般來說，最開始的幾句話應該直接坦誠但不帶侵略性。必須顯露出你的聰明，但不能流於輕浮，應該生動而避免油腔滑調。

對男人來說，如果好不容易有與喜歡的人交談的機會，言

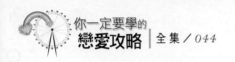

辭一定要謹慎進行。最好不要吹噓自己，也不要約女生到幽靜的地方去。

你可以坦率的告訴她，你非常希望再見到她，但千萬不要第一次見面就打算送她回家。

仔細想想，追求一個人並沒有什麼不好意思的，假如你對她傾心已久，不妨用積極的行動來表達。

只是把這段感情深埋在心裡，被動的等待，只不過是徒增自己的煩惱，甚至，還可能白白錯失一段美好的愛情。

談情說愛必須要有足夠的勇氣，勇敢大膽去「談」，如此才有可能談出一場完美動人的戀愛。

愛情備忘錄

愛情與尊嚴不能共存。

——古羅馬詩人奧維德

真愛不是事事順從

清楚告訴他，為什麼你總是拒絕他的某些要求，彼此充分的協調溝通，這樣感情才能走得長長久久。

明瞭彼此的心意，才是愛情開花結果的前提。但很多時候，兩個人在一起越久，心的距離越遙遠，這時就必須開口溝通了。

另一半經常在你工作正忙的時候突然出狀況，搞得你分身乏術，手足無措？不是經常忘記帶鑰匙，急著找你回家開門，就是哪裡不舒服，非得要你放下手中的工作跑一趟不可？

如果你的生活中出現了類似的情況，或許會忍不住感嘆，一開始的時候明明彼此都能互相體諒的。

但是你知道嗎？或許正是因為過度體諒，才造就了對方的這種改變。

當對方以前偶爾出現上述的某種行為時，你可能曾經體諒、遷就他，然而，你的溫情卻強化了對方的這種行為，讓他認為可以透過這樣的方式獲得你的注意。

所以，在你因為工作忙碌，或因為其他事情無暇照顧，甚至有些忽略他的時候，對方就會故技重施，以吸引你的注意力與關懷。

　　無論男人女人，都必須學會對心愛的對方說「不」。要知道，兩人相愛雖然應該互相遷就，互相體諒，但絕不能無條件的順從。無論是誰，只要提出的條件不合理，你都有權利拒絕。

　　要注意的是，在你拒絕戀人的要求時，一定要讓對方知道理由。這能讓你的拒絕更具針對性，只針對那些過分的、不合理的要求和行為。

　　當然，想開口說「不」，也必須注意技巧與時機，尤其，如果另一半的「習慣」已經根深柢固，一下子改變態度必定會引起反彈，開始懷疑你們的感情。

　　因此，不妨先從小事情開始吧！

　　清楚告訴你的戀人，為什麼總是拒絕他的某些要求。但別忘了一點，必須要選擇對方最能接受的方法，彼此經過充分的協調溝通，這樣感情才能走得長長久久。

愛情備忘錄

　　愛情是我們生活中唯一美好的東西，但卻往往因為我們對它提出過分的要求而被破壞了。

——法國作家莫泊桑

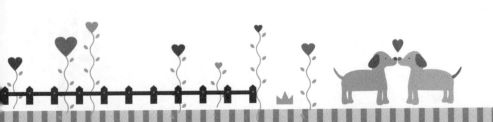

大膽求愛，女人才會喜歡

 男人最基本的魅力，就在於主動而大膽的表現自己心中所想，在現代女人眼裡，這種有主見的男人才是夠格的戀愛對象。

　　許多男人不敢追求女性，往往是因為自知能力條件比對方差，或者對自己的表達能力有所懷疑。但是，以告白來說，女人不僅僅有表達的障礙而已，由於過去社會加諸的形象束縛，女人臉皮其實比男人更薄，更容易因為他人的拒絕感到丟臉、羞愧。

　　所以，無論從哪方面來看，男人在戀愛中必須比女人更主動，這是一件理所當然的事。

　　要成功告白，就不能不先明白一些關於告白的技巧。

　　情愛的表達行為多少含有身體接觸或透露真情的表示，內含較露骨、尖銳、缺乏掩飾的意味，會引起自身的不安。這也就是為何一個人透露真情時，會出現忸怩的態度。

　　但是，許多男性在戀愛過程中之所以屢屢失敗，也正是因為他們克服不了這種忸怩，不敢充分展示自己的魅力，有的人甚至連擴大談話的話題範圍都顯得彆彆扭扭。在這種情況下，一個原本各方面都十分優秀的男人，給人的感覺頓時變成乏味

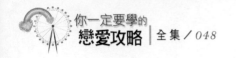

而毫無吸引力。

任何一個女人都不會喜歡言語乏味的男人。想想，如果女人開口邀男人週末晚上去看場電影、想去哪家餐廳吃飯或最喜歡吃什麼，得到的回答卻是「我無所謂」、「什麼都好」或者是「由妳決定」，這種答案乍看起來很隨和，實際上，只會讓人覺得你根本是個沒有主見而已。

女人都喜歡有個性的男人，如果有不同的觀點和決定，她希望彼此可以熱烈的討論，然後做出決定。要知道，這樣不僅會讓人感覺到雙方的互動，同時也會使對方對你這個人產生不一樣的想法。

除此之外，另一種男人也是多數女人會喜歡的，那就是話語中帶著一點點「霸氣」的男人。

舉例來說，如果男人打電話約女孩子出門，卻是用「週六晚上妳忙不忙」這樣不確定的口吻，一般說來女生都不會有多大的好感。

這句話背後的思考邏輯顯而易見，如果女方回答自己不忙，那麼男人就能順理成章的提出接下來的邀約；如果女孩子回答她忙，那麼他也可以迅速改變話題，以免尷尬。可是，女人更希望聽到的是：「週末我想帶妳出去走走，當然，還是要看妳有沒有空。」

這兩句話雖然看起來區別不大，但聽在女人耳裡的感覺就是不一樣。

切記，通常當男人以問題表達自己的願望時，只會讓女人覺得，這個問句十分多餘，因為有些事情只需要付諸行動，徵求太多意見反倒會讓對方不知如何是好。

　　說得更具體一點，像是「我可以吻妳嗎？」「想要我買件禮物送給妳嗎？」之類的問句，用「我真想吻妳」，或是「我要買件禮物送妳」，一切就圓滿了。這時候，即使她嘴裡硬是說「不」，那也只能算是甜蜜的口是心非。別忘了，在戀愛的過程中，男人是不需要太過分隨和的，否則只會讓人認為你膽小無定見，只曉得唯唯諾諾。

　　簡單的說，男人最基本的魅力，就在於主動而大膽的表現自己心中所想的，在女人，尤其是現代女人的眼裡，這種有主見的男人才稱得上是夠格的戀愛對象。

愛情備忘錄

　　心有定見而又善於寬容，一個人兼備了這兩點，在女人眼中他就是一個出類拔萃的男子漢。

——日本作家國分康孝

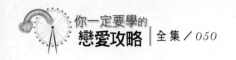

追求愛情的好時機

渴求伴侶的寂寞是一種萎縮感，兩個寂寞的
人往往容易因此一拍即合。

　　渴望愛情是人的本性，但是，當心儀的對象出現面前時，
應該如何把握機會，開口和對方「談」戀愛呢？

　　心理學家說，如果把自我比喻為氣球，那麼，氣球在萬里
無雲的天空迅速往上飛升的心理狀況，便是所謂的「擴大感」。
反之，被秋雨打濕，匍伏在的上時的心理狀態，便是所謂的「萎
縮感」。

　　一個人如果正處於「擴大感」之中，往往就不那麼迫切需
要感情上的慰藉。如果嘗到萎縮感，便會有尋求愛情安慰的念
頭出現。

　　所謂嘗到萎縮感，指的就是一個人遭到某種失敗、挫折，
或身陷某種危機之中，內心因此感到孤立無援，失意落魄，自
尊心受到傷害，陷入嚴重的自卑感。

　　不管是宅男或怨女，若是能好好加以運用人的這種心理特
點，那麼戀愛之路幾乎可以說是無往不利。

　　現在的你，或許在工作場合中已經有了喜歡的對象。

　　想要大方的展開攻勢嗎？那麼，不妨試試這招：在對方陷入萎縮感時主動給予關懷。

　　無論男女，在這種情況下，心裡都很容易感動的。

　　當然，對方生病的時候，絕對是一個千載難逢的好時機，你甚至可以直截了當的告訴對方，這段時間自己有多麼擔心。

　　另外，像是在婚宴上，男方賓客和女方賓客初次見面，婚禮之後便開始約會交往的例子也屢見不鮮。

　　可能是因為婚禮的甜蜜氣氛，會讓單身的人也忍不住覺得寂寞，而想好好談場戀愛吧！

　　從這個角度看來，這種渴求伴侶的寂寞在某種程度上來說，或者也可以算是一種萎縮感，兩個孤單的人往往容易因此一拍即合。

愛情備忘錄

　　愛情是一根魔杖，能把最無聊的生活也點化成黃金。

　　　　　　　　　　　　　　──英國作家勞倫斯

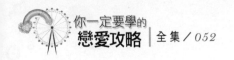
當機立斷，活用失戀的經驗

只有把失戀的經驗，當成是下一次戀愛的養分補給，成功的愛情最終才會真的降臨在你身上。

有人熱戀，就必然會有人失戀。

你是否發現，最近對方愈來愈冷淡，有時甚至冷漠得像個陌生人。兩人之間的摩擦變多，彷彿有一股洶湧的暗潮正在醞釀，「分手」的訊號也逐漸變得明顯。

但是，對方是真的想就此一刀兩斷，又或者這只是一種週期性的倦怠呢？這段情應該繼續或結束？

這時候的你，就像一位即將執行重大手術的醫師，除了要準備研判對方的「症狀」外，還必須做出決定：是要在一切還來得及前補救，還是讓這段感情壽終正寢。

不過，在現代愛情中，很多時候男女雙方決裂往往不是最終結局，而是一時的插曲。倘使對方提出分手只是因為一時的情緒或嘔氣，那麼不妨試著找出讓對方想分手的原因。

先自我反省一下，自己是不是太過於執拗，有時甚至驕傲得過火呢？例如，對方因為加班誤了約會，你是不是一點都不懂得體貼他的辛苦，還經常為此翻臉冷戰？

又或者，你天生跟浪漫有仇，你的她卻非常講究浪漫情趣；天氣轉涼，她凍得牙齒顫，你老是忘了脫下外套爲她披上；她的生日你也從來沒記住過，甚至是和她逛街時，你又惡習難改，猛盯著一旁走過的辣妹看。

無論男人女人，在解決「分手」這件事之前，如果懂得自我反省，就已經成功了一半，剩下的另一半，就要看你的努力與決心，以及對方是否鐵了心要離開你了。

多站在對方的立場設想，多體諒對方，收斂起桀驁不馴的脾氣，做個善解人意的人。

如果女朋友喜歡浪漫，不妨就多多培養自己的情趣，多學著細膩體會女人的感覺，改變自己的粗枝大葉和花心好色，相信她一定會感受到你的改變與誠意。

當然，要是不得不面臨眞正分手的那一刻，也許你會痛不欲生，但當大勢已去，瀟灑揮手，無論對自己或者對方，都是最好的方法。當愛還能從頭再來，不妨盡力挽留；當愛已成往事，就該當機立斷，當斷則斷，別強求逝去或變質的愛。

只有把這次失戀的經驗，當成是下一次戀愛的養分補給，成功的愛情最終才會眞的降臨在你身上。

愛情備忘錄

戀愛是艱苦的，不能期待它像夢一樣出來。

——英國詩人拜倫

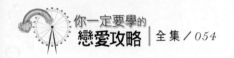
當你的感情出現問題

面對感情中出現的種種問題，如果彼此都能
為對方著想，以理智、冷靜的態度處事，紛
爭往往就會平息。

對戀愛中的雙方來說，當然都希望戀愛能夠甜甜蜜蜜，最
終走進結婚禮堂。然而事實往往並非這麼圓滿，許多人經過一
段時間相處之後，往往面臨彼此不適應的問題，感情之路因而
遭遇變化。

或許，有些感情經歷考驗過後，兩人反而愛得更真、愛得
更深。可是一樣有些人不但不能和好如初，反而產生不少矛盾，
甚至激化到相互傷害的地步，不僅為對方帶來痛苦，也替自己
造成遺憾。

當你的感情遇到變化，最最重要而基礎的，就是要先讓自
己冷靜下來，別因為一時意氣用事，做出傷害他人也傷害自己
的行為。

同時，處理問題要夠理智，不管最後結局如何，都要有解
決問題的誠意，不能因為「愛不到你」便記恨在心，一味找對
方麻煩。

這種打擊報復是相當愚蠢的，一方面表現出你的涵養低落，

心胸狹窄；另一方面，就算爲對方造成痛苦，你自己也不會得到真正的快樂。

當感情出現問題時，一般人常有的心態是將責任推給對方，彷彿一切都不是自己的錯，視自己爲無辜的受害者，滿心委屈，一肚子忿忿不平。

這種態度當然不能圓滿的解決問題，反而可能使矛盾擴大，最終不可收拾。

其實，吵架的時候不妨多想想對方平時對自己的好，藉著過去曾有過的美好回憶，彌補爭吵產生的裂縫。

感情好的時候，要看到對方的短處；感情產生裂痕時，要想到對方的長處，如此愛情才能長長久久。

總之，面對感情中出現的種種問題，如果彼此都能爲對方著想，以理智、冷靜的態度處事，紛爭往往就會平息。

即使最後眞的做不成戀人，至少還能好聚好散，維持著朋友的關係，而不是老死不相往來。

愛情備忘錄

愛是最複雜的情感，但是也可能最單純，愛是恆久忍耐，但也可能容不了一粒塵埃。 ——作家劉墉

3.

找對人，才能有美好的戀愛

想談場成功的戀愛，

找到對的人可說是十分重要的關鍵。

要是對象不對，

任憑妳再如何努力費心經營，

依舊不會有好的結果。

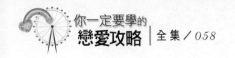

有技巧，戀愛才能「談」得好

只要掌握好如何開口「談」戀愛的技巧，那
麼妳想要的愛情，就絕對能手到擒來。

　　渴望愛情是人的本性，當心儀的對象出現面前，該如何開口談情說愛呢？

　　到底女人應該怎麼主動跟男人攀談？聰明而積極的妳，心裡面或許也會有這樣的疑問。

　　為什麼有些女人的談話，就是這麼吸引男人的注意呢？其實答案很簡單，因為她們懂得調情的技巧。

　　聰明的女孩通常不會拒絕男女之間追求的遊戲，甚至還會樂在其中。她們會主動創造機會，而不是等待機會，並享受求愛的整個過程。

　　知道怎樣與男人溝通的女孩，常常把約會當成一種積極而快樂的經驗，所以很容易放鬆心情，進而和男人打成一片。

　　因此，當妳為了赴約會而感到萬分緊張時，不妨試著把心中的緊張詮釋成一種興奮。

　　千萬不要產生約會之後就「必須」互相接受對方的錯覺，這種生硬的規則，會使男女雙方都不能輕鬆自然的交談。

和男人交談時，心裡也不要總想著「絕不隨便向男人讓步」。太過固執並不會得到對方的尊重，只有當妳放棄這種足以引發緊張的刺蝟心態，才能真正從中得到樂趣。

聰明的女孩和男人交談時，不是短兵相接，而是自由自在的交談。放鬆自己開心的交談，接納所有話題，並不表示妳就要失去自我。這只不過是一種圓融的態度而已。

在交談的過程中，試著明白男人說的每句話的真正含意，因為一句玩笑，一句對工作的怨言，都可以流露出男人內心的問題和麻煩，這有助於妳了解這個人的一切背景。

千萬不要認為，說話一定要表現內涵，這在愛情裡面是行不通的，尤其是在剛剛認識的約會中更是一項大忌。

記住，一切放輕鬆，因為能讓人覺得愉快的交談，才是求愛的最佳語言。

最好的開場白就是簡單明快的問候對方，少做沒有必要的長篇大論。別害怕出現冷場，只要話匣子一打開，氣氛立刻就會活絡了。

剛開始交談時，最好不要直接提到「妳個人」，而是要多提那些你們共同見到、感覺到或心裡都知道的東西，也就是你們的共同焦點。

交談這件事本身，在戀愛的一開始就是十分關鍵的重點。

不過，這對於互相喜歡的人來說並非難事，當你們彼此有意，有時甚至一開口就很難住嘴。

一般來說，女人在與喜歡的男人交談時往往會習慣減低音量。如果妳夠聰明，就應該懂得如何善用這種「溫柔」與傾聽他的談話。

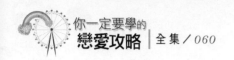

在戀愛關係中，並不是只有男人才握有絕對的主控權，女人當然也可以大方的主動出擊。只要掌握好如何開口「談」戀愛的技巧，那麼妳想要的愛情，就絕對能手到擒來。

愛情備忘錄

一個女人只有透過一種方式才能是美麗的，但她可以透過十種方式使自己變得可愛。

——法國思想家孟德斯鳩

不能讓男人輕易得手

能夠吸引男人注意的女人，多半帶點玩世不恭的氣質。因此就算真的很喜歡他，表面上還是要吊足男人的胃口。

　　尋找戀愛對象就像是完成一項任務，在這之前，妳必須做好事前的準備計劃，看準目標之後，就應該拿出堅韌不拔的毅力、不屈不撓的決心及厚臉皮的精神勇往直前。

　　雖然有些男人內心深處希望女人把他捧得像國王，事事聽從，以滿足自己的保護慾，但絕大部分的男人還是偏好親切、懂得享受性愛、有一點想像力、能接納新事物的伴侶。

　　最重要的，就是必須讓男人感覺到被愛慕、被關懷及被了解，滿足他們需要友誼的渴望，成為他信任的傾訴對象。

　　簡單地說，要得到他的人，就必須先了解他的心。興趣相投、有共通的話題，就是最容易拉近彼此距離的一種方式。

　　男人都喜歡聽到女人說自己有多好、帶給對方多少快樂、多麼感激他為自己做的一切。

　　如果對方已經習慣了這種種的讚美，妳就必須更細心觀察，找出他對自己最得意的地方。

　　不過，要記住的是，所有的讚美之詞都應該要出自真誠；

即使再輕微的裝模作樣，都會讓男人對妳產生不信任。

另外，別忘了一件事：人人都喜歡輕易到手的東西，但得到之後往往也不會重視。

女人之所吸引男性之處，除了因為異性相吸，同時也因為女性有著讓男人捉摸不定的多變特質。對多數男人來說，最喜歡的女人往往不見得是眾人眼中的美女，而是擁有善變魅力的女人。

這些能夠吸引男人注意的女人，多半也都帶有一點野性、危險與玩世不恭的氣質，挑逗著男人征服的慾望。

因此就算妳真的很喜歡他，但表面上，愛情的給予還是要吝嗇一點，如此才能成功吊足男人的胃口。

愛情備忘錄

只有在想像中，愛情才能永世不滅，才能永遠圍繞著詩般的奪目光芒。　　——俄國作家巴烏斯托夫斯基

了解男人，才能抓住男人的心

愛情需要機遇，更需要智慧和努力。只要有心，每個人都能談一場完美的戀愛。

兩人在一起的時間越長，男人亟欲保守的秘密只會愈來愈多。這究竟是爲什麼呢？

說來說去，只能怪男性尊嚴作祟，讓男人有太多不能說出來的慾望和苦悶。

就像女人也有屬於自己的私密心事一樣，男人心裡到底想些什麼，女人往往很難知道。

打個比方，當妳和男友甜甜蜜蜜地走在街上，迎面來了一個身材穿著十分火辣的女子，很難說他心中不會有那麼一絲絲希望妳暫時走開的念頭。因爲，對男人而言，如果有機會和這種極品美女產生浪漫接觸，那絕對是再好不過的事了。

當然，這種秘密是不能讓妳知道，也不會讓妳知道的。

事實上，他還是很愛妳，而且對妳還是保持相當程度的坦白，只不過，這些秘密是他個人專屬的，不可能跟妳一起分享。

基本上，男人的潛意識是慾望的核心和動力的來源。和女人不一樣的是，女人是以情感和情緒爲主，但男人心裡所想的，

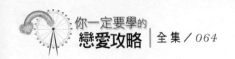
不是女色就是各種生存慾望的滿足。

可以說，男人是屬於尋求自我生存和壯大的動物，所有的想法和行為動機，都是來自於這種原始需求。

甚至，有時候愛情在男人心中，也只是得到這些生存資源的工具之一。因此才有人說，愛情是女人的全部，對男人而言卻只是一小部分。

簡單地說，雖然十個男人九個色，但女人也不是只有哀怨地在背後苦守一途。只要抓住男人的思考邏輯，自然就能讓他的目光緊追著妳不放。

要知道，美麗的愛情需要機遇，更需要智慧和努力。只要有心，每個人都能談一場完美的戀愛。

愛情備忘錄

如果女人更謙恭，男人就會更誠實。

——英國劇作家范布勒

挑動男人的心

> 對男人而言，不管是女人或感情，偶爾有些
> 稍微的變動對他們來說，會顯得更吸引人、
> 更具挑戰性。

對男人來說，具有致命吸引力的女人，就是刺激男人好奇心的同時，又能保有自己的個人特質，也就是要有充足的自信。

妳知道嗎？女人只要信心十足，就會格外吸引人。

多數女人總是希望讓男人「帶領」一切，卻不知道這會使得男人心理負擔變得異常沉重。

女人唯唯諾諾的時代已經過去了，現代的女人必須更有主見，對自己更有信心。不僅可以活得更開心，也不至於讓對方覺得跟妳交往，就等於背負了一項重責大任。

另外，保持彼此的神秘感也是必須的，讓一切過於透明化，反倒容易使人失去興趣。更何況，尊重彼此的隱私也無損於兩人的親密，更可以讓你們從慢慢認識對方的過程中，發掘更多樂趣跟新鮮感。

對於女人來說，安全感是非常重要的，但卻也因為如此，才時常讓男人感覺自己似乎必須為女人負起人生責任。相較之下，和獨立自信而吸引人的女性在一起時，男人反而會感到比

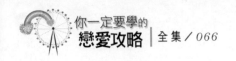

較輕鬆自在，因為不會有人急著對他們說：我們結婚吧！

再者，要男女擁有共同的興趣是不太可能的，不過，興趣的差異卻也能為彼此帶來不同的經驗，產生更多的新鮮感。尤其是交往了一段時間的男女，如果還能夠藉著各自培養的新興趣，讓彼此有些新的體驗，那將是一件十分令人興奮的事。

對男人而言，不管是女人或感情，偶爾有些稍微的變動對他們來說，會顯得更吸引人、更具挑戰性。

尤其是當他以為已經完全了解妳時，妳出其不意的變化往往更能夠扣住他的心弦，重新喚回他的注意力。

愛情備忘錄

一個缺乏自信的女人永遠也不會有吸引別人的美。沒有一種力量能比對美的自信更能使女人顯得美麗。

——義大利作家索非里·羅蘭

找對人，才能有美好的戀愛

想談場成功的戀愛，找到對的人可說是十分重要的關鍵。要是對象不對，任憑妳再如何努力費心經營，依舊不會有好的結果。

　　大部分的男人都愛面子，特別是在自己喜歡的異性面前，他們更善於僞裝自己的缺陷。

　　要摸清楚眼前這個男人的性格，就應該從小細節中逐步發現眞實的他。唯有認清男人眞面目，妳才能選擇一個眞正適合自己的男人。

　　在交往的過程中，約會遲到可說是相當常見的事，除了等得心焦、生氣，從遲到的他會說出什麼話，大致上也可看得出對方的性格如何。

　　一般人在這種狀況之下，應付的方法大概可分爲兩類。一是立即向對方道歉，另一種就是竭力爲自己找理由辯解。

　　會有第一種反應的男人，個性往往率直，而且能體諒別人的心情。

　　至於後者，與其說他不誠實，倒不如說他是對自己沒信心，個性也比較怯懦、神經質。

　　因爲太在意自己犯錯後對方會出現的各種反應，所以會做

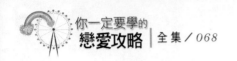
出過度防衛的動作。爲了防止對方產生不當的誤會，才會加以辯解，並期望對方斟酌當時情形原諒自己。

由於害怕被別人批評，所以總是難以承認自己的錯並圖謀推卸責任的男人，一旦遇上麻煩，通常也不會立即處理或解決，反而是先確定責任歸屬，結果往往因爲急於撇清責任而和他人對立，甚至把問題擴大。

在任何一個工作環境中，總會有一兩個愛提當年勇的男人。

尤其是三杯黃湯下肚之後，話匣子更不知道要何時打住。當事人愈說愈起勁，可是旁邊的人卻愈來愈掃興。

這種總是跟女人嘮嘮叨叨訴說過去如何如何的男人，如果正好是妳考慮的交往對象，勸妳還是趁早打消這個念頭。

要知道，「想當年」這幾個字可說是老人的專利，若出自於年輕人的口中，那麼這個男人的性格大多是消極而又無法向前看的，不只是觀念保守傳統，想法更是毫無活力。

想談場成功的戀愛，是否找到對的人，可說是十分重要的關鍵。要是對象不對，任憑妳再如何努力費心經營，依舊不會有好的結果。

愛情備忘錄

求愛的對象應該更謹慎，因為愛情意味著愛慕對方的人品性格。
——日本作家國分康孝

小心愛情裡的惡男

 如果希望妳的戀愛經驗是充滿幸福而愉悅的，那麼在踏進每段愛情之前，可要仔細張大眼了。

　　有句話說：「沒有一個傻瓜會把餌丟給上了鉤的魚吃。」

　　把這句話用在男女關係上，我們可以這麼解釋：男人想釣妳的時候，往往會先丟下甜蜜的情話和大方慷慨作為誘餌，一旦妳掉入他設的愛情陷阱裡，他就不再如過去一樣浪漫，而是變成以自我為中心的人。

　　雖然不是所有男人都這樣，但總的來說，在追求時期會投入大量金錢與心思的男人，常常都具有這種特性。

　　尤其，這種男人在婚後，更容易因為一點點雞毛蒜皮的小事嘮叨半天，用錢也會變得萬分小氣。

　　喜歡在人前裝闊的人，通常也比較具有個人主義，他們共通的特徵就是會為了自己喜歡，或者跟自己有關的事大膽花錢，對於其他的花費則小氣得過分。這樣的男人最愛的往往是自己，而不是別人。

　　任何人都希望別人眼裡的自己，看起來比真實的自己更棒，所以很多人在說話做事時，或多或少不免會有誇大的時候。

　　但如果一個男人虛榮心過盛，現實生活中卻做不到自己說的那樣，久而久之往往會養成歇斯底里的性格，感情善變，也容易落入別人的陷阱。

　　這些人的特色，就是往往喜歡過闊氣的生活，就連事不關己的芝麻小事都要干涉，所以容易讓人敬而遠之。

　　當然，在喜愛的女性面前，很多男人也希望擺出一副有男子氣概的樣子。

　　這樣的男人乍看之下彷彿非常可靠，但實際上卻不見得個個如此。喜歡誇示自己男子氣概的男人，私底下往往都有某些弱點。

　　換言之，他們只是單純的以為，只要像個男子漢就能討女人喜歡，然而這種想法卻一點都不成熟。

　　這樣的人，通常也無法沉穩的根據自己的想法行動。一旦生病、工作失敗，或發生任何狀況，就會變得格外懦弱。

　　如果希望妳的戀愛經驗充滿幸福而愉悅，那麼在踏進每段愛情之前，可要仔細張大眼了。因為有些人在現實生活中並不見得有多壞，但在愛情裡，卻都是女人眼中不折不扣的惡男呀！

愛情備忘錄

愛情是一種幻想，為了追求人的完美性，它還是一種必不可少的幻想。
　　　　　　　　　　　　——美國心理學家萊克

讓妳的眼神更放電

戀愛是可以「談」出來的，箇中秘訣，就是
掌握天時的利與人和，如此，妳的愛情之路
就能順利的開展。

愛情需要培養，更需要開口「談」。無論男人女人，都需要懂得談戀愛的技巧，才能與交往對象快樂地交心。

當兩個彼此有意的男女，雙含情脈脈的眼神瞬間接觸的那一刹那，通常能讓彼此的心臟撲通撲通地跳個不停。

如果說，這時候能夠運用一些技巧讓眼神更具電力，那麼你們的戀情必定能迅速加溫。

要是接觸的機會不多，一旦分開便再難見面，要在短時間內讓他對妳印象深刻，眼神更是至關重要的關鍵。

不妨先在心裡想像一下，這可能是一場美麗的開端，並且在短時間裡整理好自己的心情，然後讓自己的目光定格在身邊一些美麗事物，比如鮮艷的花朵、藍藍的天空、朦朧的燈光……等等上頭。

等到心情、眼神都調節到最佳的狀態了，妳就可以大方地將目光轉向他，捉住他的眼神。

切記，這時候千萬不能臨陣脫逃，只有一派落落大方的態

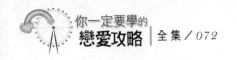

度，才能命中他的心。

當妳放鬆、大方、溫柔地將眼神迎向他時，也別忘了補上一個自然而性感的微笑，讓他覺得，妳為了這一刻的眼神接觸，簡直費盡心思。

此刻，最關鍵的是不要立即環顧左右，要讓這次苦心經營的接觸維持在四五秒鐘左右，在他突然反應過來時，妳的暗示他必定會察覺。同時妳的一切，在他的心裡必然已經留下美好的印象。

但現在還不是妳撤下火線的時候，可別只顧著沾沾自喜，忘了要再接再厲創造一個將來聯繫的理由，否則就功虧一簣了！

要注意的是，敏感畏縮的眼神，可能會讓人覺得妳太過膽怯。不妨大方正視他的注目，給他一點無聲的鼓舞。

讓眼神放電，可說是示愛的基本技巧，也許聰明的妳已經可以舉一反三了。接下來要做的，就是明白如何選擇時機，利用他的心情波動，讓妳的求愛行動更容易成功。

利用他心情特殊的日子，比如晉升、身體不適、情緒起伏……等等時機，運用眼神示意，對方接受訊號的雷達必定會比平時靈敏得多。

因為這時候的他，往往十分希望跟別人一起分享自己的感受，如果妳富饒深意的眼神對方接收到了，他一定會更費心去分析妳的暗示。

當然，除了時機，選對地點也是相當重要的。

如果四周正好是陽光明媚、空氣新鮮的環境，妳和他的心情會更容易放鬆，美好的氣氛更容易醞釀；假使可以好好把握，那麼妳的努力百分之八十可以得到回報。

　　別忘了，戀愛是可以靠努力與技巧「談」出來的，不見得一定要靠命運安排，箇中的秘訣，就是掌握天時地利與人和，如此，妳的愛情之路就能順利的開展。

　　愛情備忘錄

　　與其在無望的相思中熬受著長期的痛苦，不如採取乾脆爽快的行動。

　　　　　　　　　　　　　　　　——莎士比亞

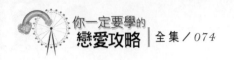

在愛情裡，自信就是一種性感

 別忘了，戀愛是談出來的，要想談好一場戀愛，最重要的不是讓自己變美，而是讓自己更有自信。

男人都喜歡性感的女人，因此許多女人拼了命想讓自己變得成一般人眼中的性感女神。

豐胸、瘦身、穿著火辣……無所不用其極，以為這樣就能獲得美好的愛情，但結果，卻往往失去了自己最寶貴的個人特質。

是誰說，美麗、豐滿的女人才叫性感，才會贏得男人的愛？要知道，最耐人尋味的性感從來都是超越視覺，成於內而形於外的，除了先天條件，最重要的還是靠後天一點一滴經營養成的自信。

也就是說，妳敢不敢主動追求愛情，並勇敢表達自己的情感，這才是真正的問題所在。

一個敢愛敢恨，對自己充滿信心，做任何事都有自己想法的女人，才是最讓男人心醉神迷的。

托爾斯泰筆下的安娜·卡列妮娜，就是一個這樣愛恨分明的角色。雖然就普世的價值觀來看，她背叛了家庭，背離了道

德規範；然而從女人的角度看來，她卻滿足了眾多女人對於追求愛情的渴望。

安娜之所以令渥倫斯基神魂顛倒，就在於那種為愛不顧一切的自信。

換句話說，男人眼裡最性感的女人，或許不見得一定要身材惹火，打扮大膽，而是要充滿信心。

要知道，這種自信所帶來的性感，比起外在的花枝招展，更能讓妳遇見一段美好的愛情。

別忘了，戀愛是談出來的，要想談好一場戀愛，最重要的不是讓自己變美，而是讓自己更有自信，敢開口去「談」。

自信，才是女人真正的魅力來源。

愛情備忘錄

面貌的美麗當然也是愛情的一個因素，但心靈與思想的美麗才是崇高愛情的牢固基礎。

——俄國作家契訶夫

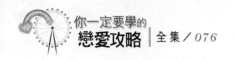

什麼是無法抵擋的吸引力

 談戀愛要靠細心經營，如果偶爾示弱，能夠為彼此的感情加溫，那麼又何樂而不為呢？

男女之間本來就會相互吸引，就算是已婚，許多人看到富有魅力的異性時，仍然會忍不住神魂顛倒，小鹿亂撞，只不過，大部分的人會理智的克制下來，不會做出越軌的舉動。

從這個角度來說，如果在談情說愛之中，能夠好好運用自己的吸引力，用力對他發功，保證妳的愛情也可以甜甜蜜蜜。

事實上，所謂運用女性吸引力，也就是在適當的時候撒撒嬌的意思。

撒嬌當然不是見到男人就賣弄風騷，而是面對喜歡的男人，在恰當的時候，充分散發出妳的「女人味」。

對男人而言，撒嬌的力量是很大的，難以抗拒的。男孩禁不起女朋友撒嬌，丈夫禁不起妻子撒嬌，父親禁不起女兒撒嬌；就算是在工作上，男同事也禁不起女同事撒嬌。

所以，女人又何必一定要擺出女強人的姿態呢？偶爾扮演小女人，同樣能讓身邊的男人們吃不消。

不過，撒嬌還是要看時機、場合和需要，沒事亂撒嬌，只

會降低自己的分量，成爲名副其實，失去影響力的「小」女人。

更何況，專靠撒嬌來達到目的，也無助於今後感情的發展。因此，撒嬌只能在緊要關頭時使用。

另外，撒嬌也不能變成耍賴，而是要巧妙運用男人對女人的呵護心理。耍賴則是蠻橫，不講道理，那是潑婦才有的行爲。

適當的時機下，女人在男人面前可以撒點嬌。若是在親密愛人面前，撒點嬌更是無妨，並且還能夠讓他覺得自己被需要。

談戀愛必須要靠細心經營，如果偶爾示弱，能夠爲彼此的感情加溫，那麼又何樂而不爲呢？

愛情備忘錄

不知節制的愛不能持久，它像溢出杯盞的泡沫，轉瞬便化爲烏有。

——印度作家泰戈爾

4.

開始談場成功的戀愛

戀愛是要開口「談」出來的，
以對方喜好的主題為中心發展談話內容，
將會為你帶來成功的戀愛開端。

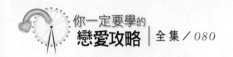

臉皮厚，求愛才會成功

要想成功談場戀愛，一張厚一點的臉皮絕對
是必備的，只要擁有這種不怕丟臉的精神，
那麼愛情就能順順利利的揭開序幕。

　　許多人在面對戀愛時經常會遇到這種情形：天天在夢裡念
著的他，如今就在面前，卻不敢鼓起勇氣表白。

　　其實，這無非是因為自卑感作怪，生怕自己落花有意，而
對方卻流水無情。

　　每個人都有愛與被愛的權利，厚起臉皮向自己所愛的人表
露愛情，不是醜事，更不是壞事。

　　就像一道朦朧美麗的愛情帷幕擋在面前，幕那邊是你的意
中人，要拉開這道幕，讓對方明白你的心意，就得靠你勇敢的
表達，大膽的求愛了。

　　生活中，我們往往會看見類似這樣的例子：明明暗戀某人，
卻又沒有勇氣表白，只是一味的想：「他的條件那麼優秀，怎
麼會看上自己呢？」因此，即便有許多單獨交談的機會，還是
白白錯過了。

　　後來有一天，當你看見這個人與其他人走在一起，但那個
人明明遠不如自己，心中頓時五味雜陳，後悔不已。

很多時候，當你發覺愛情降臨時，得需要靠厚臉皮自己一把。但這裡說的厚臉皮，並不表示不必講求策略。

當你不知道對方是否也愛上了自己時，自然不能輕易表露自己的愛意，但還是應該透過觀察，弄清楚對方的心意如何。

假如發現對方的心另有所屬，那麼最好還是不要魯莽求愛，因為結果很可是遭到無情的拒絕。

但是，假使對方對你似乎也有著若有似無的好感，這時，示愛的時機就成熟了，不妨主動向對方表露愛意。

由於每個人的性格、氣質、修養、身分、資歷的不同，對戀人的求愛方式自然也大不相同。如果你覺得兩人的牽絆已經十分明顯，那麼大可以當面示愛。當然，將情意訴諸文字，同樣可以達到示愛的效果。

不過，話又說回來，其實雙方只要對彼此都有意思，往往就能心有靈犀一點通，所有一舉一動、一顰一笑，就足以向對方傳遞愛的訊息了。

不管你的示愛方式是屬於哪一種，在表白的那一刻，都應該要注意誠實坦率和委婉含蓄。

你必須用真摯的話語表達內心真實的感情，這樣的感情才能打動對方的心。

這種含蓄，不僅應該表現在愛情剛開始的階段，而且也應該貫穿於戀愛的整個過程。

德國哲學思想家馬克思就曾說：「在我看來，真正的愛情是表現在戀人對他的偶像採取含蓄、謙恭甚至羞澀的態度，而不是表現在隨意流露熱情和過早的親暱。」

說得簡單一點，要想成功談場戀愛，一張厚一點的臉皮絕

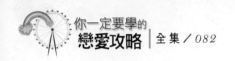
對是必備的，只要擁有這種不怕丟臉的精神，並且注意示愛的
技巧與時機，那麼你的愛情就能順順利利的揭開序幕。

愛情備忘錄

偉大的愛情能使最平庸的人變得敏銳、勇於獻身、充
滿信心。
　　　　　　　　　　　——法國文學家安德列·莫洛亞

愛情危機也可以是甜蜜轉機

對愛情而言，有的時候危機出現，也可能帶來嶄新的轉機，關鍵就在於怎樣利用這種心理轉折，好好「談」妳的戀愛了。

在交往的過程中，有的人喜歡對另一半擺架子，想要藉各種方式考驗考驗對方。譬如，訂好的約會時間，卻要故意晚半小時到，碰面時也裝出不冷不熱的樣子，讓對方覺得捉摸不定。

但是，幸福的愛情最需要的，其實就是彼此間的信賴和真誠。尤其是在戀愛初期，彼此缺乏徹底的了解，更需要互相尊重。假若這時擺高姿態，對方就可能產生誤解。

要知道，人對於自己想得到而難得到的，可能會更想得到，但也可能因為難得到而不再追求。所以，擺這種架子雖然有可能讓對方對妳更加熱情，但更有可能的是，讓對方對妳不抱希望，甚至離妳而去。

無論是哪種人際關係，人與人之間的往來，都需要以相互間心情舒暢為前提，談戀愛也不例外。一旦遷就的必要性逐漸減退，弱勢的一方甚至會出現逆反心理，反過來要求對方樣樣遷就自己。

所謂「逆反心理」，也就是說在一定的條件下，妳說對，

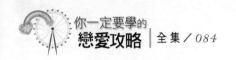
對方卻得出負的「感覺」，妳希望對方往左，對方卻偏偏生出往右的要求。說白了，就是要跟妳唱反調。

戀愛中的逆反心理也相當普遍，比如熱戀中的男女常喜歡卿卿我我、形影不離，本來這是情感的正常流露，但若控制不當，在一起久了反而覺得無趣，這就是一種逆反心理。

逆反心理反映了人類心理需求的雙重性。一方面，人們對於越是得不到的東西越想得到，另一方面，對輕易到手的東西卻又感到不稀奇。

雖然說，逆反心理可能成為戀愛中的障礙，但如果運用恰當，卻也能促進愛情的發展。不如試試看將它應用在妳的戀愛策略上吧！

當你們的感情趨於穩定時，或許對方常常會對妳挑剔東挑剔西。這時候要是「不小心」讓他知道有其他競爭對手出現，他的心裡也許就會產生地位被威脅的危機感，因而愛得更強烈執著，這就是逆反心理的作用。

對愛情而言，有時候危機出現，也可能為你們的感情帶來一個嶄新的轉機，讓兩人關係更緊密，關鍵就在於怎樣利用這種心理轉折，好好「談」妳的戀愛了。

愛情備忘錄

眼淚是愛情的香料，浸在眼淚中的愛情，是最可愛的愛情。

——英國詩人司各特

關係對等，戀愛才會平順

戀愛，必須要兩個人站在平等的位置上才能談得起來，否則的話就不叫做「談戀愛」了。

愛情是生命的火花，友誼的昇華，心靈的吻合。

愛絕不是融化自身，也絕不是讓每個人變得毫無個性的消失。兩性之間如果缺少互敬互愛，也就沒有真正的愛情。

應該說，愛情是在保護自己尊嚴和個性的條件下，維持對方尊嚴和個性行為的一個過程。

如果戀愛的一方，試圖用自己的性格、愛好和生活模式去改變對方、統治對方，結果必然導致彼此之間的愛情在無形中褪色。

俄國作家車爾尼雪夫斯基就曾說：「愛情的意義，就在幫助對方提昇，同時也提昇自己。」

對戀人而言，一旦埋葬了對方的個性，愛情也就失去了原有的意義。既然愛情是兩性之戀，那麼，戀愛的雙方彼此尊重也是應該。

尊重意味著讓對方順著他自己的目標成長發展，而不是屈從於妳，成為妳的使用工具。

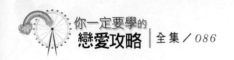

不少女人認為：對方對自己言聽計從，溫柔體貼，這就是愛。但是，這真的就是愛嗎？

如果真是這樣，試問，你能從這種愛情之中得到什麼呢？最多不過是一個毫無個性、俯首貼耳的奴隸罷了。誰也不會愛上一個像奴隸一樣，毫無個性的男人或女人。

當女人一味要求男人對自己溫柔、體貼、關懷，整天圍繞在自己身邊幫自己做這做那，而不關心外面的世界時，這個女人只不過是為自己找了個保姆，而這個男人則為自己找了個「主人」。

這樣的男女關係還有什麼愛情可言？

要知道，戀愛，必須要兩個人站在平等的位置上才能談得起來，否則的話就不叫做「談戀愛」了。

愛情備忘錄

愛人的人應該重新學會流露自然感情，做到相互交流，而且相互關懷。

——美國演說家、作家巴斯卡利亞

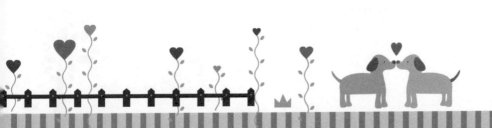

開始談場成功的戀愛

戀愛是要開口「談」出來的，以對方喜好的主題為中心發展談話內容，將會為你帶來成功的戀愛開端。

　　當愛情降臨，可以使粗魯的人變得心細，粗暴者變得溫柔。相愛的人彷彿從對方身上發現了一個全新的世界；特別是想要好好談場戀愛的男女，他們彼此互相試探、猜測、幻想，變得極為細膩、敏感，對方的每一句話、每一個歎息，都能引起戀人們的悉心揣摩。

　　這時候，兩人的言談充滿了含蓄的暗示、傾訴和弦外之音，因此這綿綿情話就有了許多甜蜜的滋味。

　　這也是愛情所獨有的特殊魅力。

　　戀愛是迷人的，也是朦朧的。對男人來說，如何獲得女人的心，頭一次接觸時的談話無疑是重要的關鍵。

　　如果談論的是她感興趣的話題，表示你尊重她，關心她，這樣就可以滿足她的自尊。

　　為了達到這個目的，見面之前你應該盡可能了解一些關於她的興趣、愛好……等等，事先做好投其所好的準備。另一種辦法就是在交談時「順便」了解對方的興趣和愛好。

在交談的過程中，你可以問她「平常休閒時妳喜歡做些什麼」、「喜歡看哪些方面的書」……等。一旦掌握了她的興趣，那麼你就可以抓住這個話題，拿來作為溝通感情的開端。

戀愛是要開口才能「談」出來的，以對方喜好的主題為中心發展談話內容，將會為你帶來成功的戀愛開端。因此，初次約會時，不妨充分發揮自己的好口才。

不過，要注意的是，好的語言技巧雖然可以幫助你縮短與異性的距離，但往後兩人的愛情是否能夠就此順利發展，卻不是只靠動人的語言就能成功的，還必須取決於許多因素才行。

愛情備忘錄

有人說，女人是用耳朵來談戀愛的。可是如果男人會產生愛情，卻是用眼睛來戀愛的。

——英國作家奧斯卡·王爾德

第一次約會就要成功

第一次接觸對於戀愛來說，無疑是一項重要的關鍵，如果能好好把握，就能為往後的交往帶來一個美好的開始。

　　一見鍾情的兩個人，能有一方鼓起用勇氣向對方提出約會邀請，其實是件令人高興的事。但在有些人的觀念中，卻認為主動邀約的一方會有失身價，今後在戀愛之中會失去主控權。

　　事實上，這樣的想法是十分幼稚的，無論男女雙方，都可以主動提出約會。

　　尤其是男方，在這方面更應表現出積極的姿態。

　　不過，提出約會時應注意，無論是電話、郵件，還是口頭的邀約，都不能以命令或生硬的態度要求對方同意，應該以溫和商量的口氣協商。

　　選擇的時間地點，也要充分考慮對方赴約是否方便。以男人來說，最好是在商量時，讓女方提出意見，以她的方案為主。如果女方提不出具體意見，則可以提出自己的想法，經對方同意後再做決定。

　　約會的時間的點一經確定，除非特殊情況，否則要極力避免失約與遲到。要是因為突發狀況，遲到的一方，應主動向對

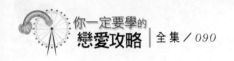

方表示歉意，並說明原因，請對方諒解。

最好的方法，就是設想周全一點，在時間拿捏上留點彈性空間，尤其是相約看電影、體育比賽等，這可說是最安全的做法。

第一次約會，態度和所談的內容也應該多加注意，對於對方希望了解的事情最好如實回答。

無論是誰主動提出約會，無論是誰在追求誰，約會時最忌諱的就是表現出高姿態。就算實在談不下去，想提早離開，也應先告知對方。

交談的內容盡可能廣泛，除了解對方的基本情況，還可找一些主題交換看法，從中試探對方的觀念、興趣，以及對生活的態度。但最好不要直接問及對方的家庭財產以及戀愛史。

每個人性格多少有些差異，若是要求對方第一次見面時滔滔不絕，未免有點強人所難。當然，自己也不可以毫不觀察對方的反應，一個人講個不停。要善於掌握分寸，尋找話題，引導對方談話的興趣。

第一次接觸對於戀愛來說，無疑是一項重要的關鍵，如果能好好把握這些要素，才能夠為往後的交往帶來一個美好的開始。

愛情備忘錄

頭一回產生的愛情是最美妙，也是最容易的。

——英國政論家里德

戀愛需要開口「談」

讓人怦然心動的愛情通常是可遇而不可求的，如果不能把握好開口「談」戀愛的機會，就只能眼睜睜和伊人擦肩而過了！

　　愛情是用嘴巴談出來的，遇到讓自己心頭小鹿亂撞的對象，想要和對方順利交往，就必須學會「搭訕」的技巧，將內心的話語說出來。

　　當你一個人在公園裡散步時，一位美麗女孩或瀟灑男士迎面而來，這時你心想：如果能與對方交個朋友多好啊！

　　可是，你又不知怎樣與對方搭訕。眼看兩人越走越近，你的心裡也逐漸忐忑不安起來……

　　你是不是有過類似這樣的經驗呢？

　　或許，以下的這段故事可以給你一些啟發，當你再度碰上同樣的情況，也許就不會那麼不知所措了。

　　圖書館裡，一位漂亮的女孩，一眼就看到男子手中拿著她尋找已久的那本書，忍不住嘆息出聲。

　　「妳想看這本書嗎？那妳借吧！」男子邊說邊欣賞著她嬌巧的身材。

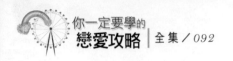
「那你呢？」

「我還有其他的書。不過和妳在一起，如果把心用在讀書或其他的事情上，那就太沒意思了。」

只見女孩漂亮的臉上頓時微泛紅潤，露出了一絲難以覺察的笑容。

無論怎樣的女孩，聽到這樣動聽的話，都不會感到不愉快。

只要有一方再勇敢一點，也許相互之間就有了進一步溝通的可能，甚至，還有機會可以肩併肩一同散步。

也就是說，一旦遇到心儀的對象，就應該好好抓住這個機會，運用自己的口才才對。

要知道，讓人怦然心動的愛情通常是可遇而不可求的，如果只是一味的在一旁猶豫不決，不能把握好開口「談」戀愛的機會，就只能眼睜睜和伊人擦肩而過了！

愛情備忘錄

初期的愛情只需要極少的養分！只需彼此見到，走過的是後輕輕碰一下，心中就會湧出一股幻想的力量。

——法國作家羅曼・羅蘭

甜蜜蜜，愛情才會順順利利

愛必須經常表達，對方才能持續感受得到，
不管在一起多久，甜言蜜語絕非多此一舉。
一個美好的戀愛，就是這麼談出來的。

有人說，甜言蜜語是最不值錢的，但是在愛情之中卻又最具價值。

不論是一見鍾情的少男少女，還是同舟共渡幾十年的老夫老妻，一旦聽到對方說「我愛你」，心裡面總是會覺得無限甜蜜。

戀愛是離不開言語交流的，對於剛交往不久的男男女女來說更是如此。

親暱的私語可說是戀愛中的情侶們最不可缺少的一部分，幾乎算得上是最有效的愛情加溫劑。

可是，甜言蜜語應該怎麼說，才能讓說的人不覺得自己做作，聽的人不覺得肉麻噁心呢？

不妨想想，當你感覺到一股風吹過悶熱的通道時，你會怎麼表達？或許大部分人都會很自然的說出「真涼快」吧！

愛的語言也是如此。假如你跟心愛的人在一起時覺得心情十分愉快，那就大方的對他說：「和你在一起真開心。」

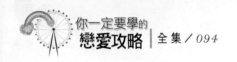

這種自然而又眞摯的情感抒發，就是最好的甜言蜜語。

也許有的人認爲，感情一旦穩定，交往時間也長，很多事情就會成爲一種默契，不需要老是把這種不切實際的話掛在嘴邊。但你知道嗎？愛必須要經常表達，對方才能持續感受得到，大文豪馬克吐溫就是一個絕佳的例子。

據說，馬克吐溫經常把寫著「我愛妳」的小紙條壓在花瓶或者盤子底下，給妻子一份意外的驚喜，這種習慣伴隨了他們一輩子。

可見，不管在一起的時間多長，甜言蜜語都是讓愛情維持熱度的好方法，絕非多此一舉。

一個美好的戀愛，就是這麼談出來的。

愛情備忘錄

所謂愛，其實就是一般坦白的人對賜予他們快樂的人，表示的熱烈感激。　　──法國作家巴爾札克

多用心，才能打開她的心

 剛剛萌芽的愛情幼苗，必須要讓它繼續破土
生根，而這就得靠你的努力與用心了！

　　莎士比亞說：「處女是一種久藏會失去光彩的商品，越長
久保存，越不值錢。所以，應趁有人問津時，讓它及早出手。」

　　世間綿延不斷的愛情或許有一部分就是應了這個理念。不
過，時代演變到今天，「處女」早已不是愛情的全部內涵，愛
情這杯酒裡有最甜蜜的快樂，也有最痛苦的悲哀，就看你用什
麼原料釀造它。

　　如何讓女人敞開心扉，是男人在談情說愛時首先會碰到的
問題。

　　在交往過程中，如果已經看出對方對你頗有好感，而你對
她也已經留下了極為深刻的印象，那麼不妨開始著手計劃如何
征服她的心。

　　多數人總希望早點知道心儀的對象是否也喜歡自己，其實
這並不難，只要仔細觀察她的一舉一動，就能發現她隱藏在內
心的愛意。

　　她可能經常注意你的動態，主動詢問你的情況，很想了解

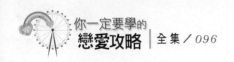

你家的事和你所關心的事情。

　　有事沒事就會來找你，而且每次都有不同的藉口。 在你們相處的日子裡，你做過的事說過的話，她比你還清楚。

　　你高興的時候，她比你還高興；你遇到了困難，她比你還難過。此外，還樂意將你介紹給她的親朋好友。

　　對你的穿著打扮、情緒變化很敏感，會主動送一些你最喜歡的東西作禮物，你若不收，她便難受。興趣愛好也逐漸向你靠攏，或者雖然有距離，表面上也不讓你失望。

　　如果她透露出以上的訊息，那麼大概是已經悄悄愛上你了。

　　當然，這或許只是剛剛萌芽的愛情幼苗，接下來最重要的，就是要讓它繼續破土生根，而這就得靠你的努力與用心了！

愛情備忘錄

　愛是一朵非常容易凋謝的花。它必須受保護，它必須受強化，它必須被澆灌。唯有如此它才能變得強健。

　　　　　　　　　　　　　——印度作家奧修

5.

甜言蜜語
就是愛的最佳武器

只要在對方需要柔情撫慰的時候

巧妙的運用甜言蜜語，

往往就能在愛情戰役中大獲全勝。

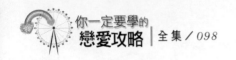
多了解，才不會產生誤解

學會識別男女間的差異，能夠讓我們不至於產生誤解，甚至還能改善與情人之間的交流，讓愛情走得更順利！

想談一場美好的戀愛，就必須先瞭解男人與女人的心理運作有什麼不一樣，順利地將內心的話語說出來。

現實生活中，沒有一對情侶是完美無缺、毫無衝突的。

在雙方初識時，大家會因氣質或性情的差異而相互吸引，但在真正交往之後，彼此就要學會接受並寬恕對方的小瑕疵，並且理解這些差異的根源，並不是由於不忠誠或者缺乏對自己的尊重。

造成差異，最大的關鍵其實就在於男女之間的差別。

許多調查研究都表示，男人與女人之間表達方式有著極大的不同。

人類學家丹尼爾‧馬爾茲和露絲伯克，更進一步總結出男女說話方式的五種主要差異。

首先，男人比女人更喜歡提出不同的意見。但多數女人往往把這一點當成是中途打岔，因而心生惱怒，認為「他從來不聽我說」，並且試圖用沉默作為抗議。

其實上，當女人把這種不同的意見視作攻擊時，在男人看來，這只不過是一種交流的方式而已。

再者，當男人與女人交談時，大多數的問題會由女人提出。

這是因為，女人以為提問是維持彼此交流的一種方式，而男人則將它看作是單純的資訊蒐集。

他們總是認為，如果對方想告訴自己什麼事，一定會直接說。而女人們卻抱持著「如果我不問他，他會以為我對他漠不關心」的想法。

事實上，對男人來說，提問題代表的只是愛管閒事；但對女人來說，這是一種親近和關心。

並且，女人說話時喜歡大量使用「你」和「我們」這類的代稱，覺得這樣既認可了對方，又抬舉了彼此。

相對的，男人大多只是宣佈事實和意見而已，因而有時用語會顯得生硬一點。

許多女人十分討厭這種「權威宣言」，卻沒想到，這可能只表示了男人一貫的作風。

還有，女人常會用「嗯」或「啊」等回應來鼓勵對方，但男人卻可能把這種鼓勵當成同意他的觀點；一旦發覺這只是為了保持談話的進行時，就會有種受騙的感覺。

然而對女人來說，因為很少得到這種理解信號，反而會覺得被忽視了。

女人在討論問題時，往往也喜歡分享快樂和相互安慰，男人則趨向於跟向他討教的女人交談，而不願充當憐憫的耳朵。

學會識別男女間的這些差異，能夠讓我們不至於產生誤解，甚至還能改善與情人之間的交流，讓愛情走得更順利！

想要讓戀愛順順利利、長長久久嗎？

不妨試著多了解對方吧！

愛情備忘錄

女人失去男人的陪伴會變得憔悴，男人失去女人的陪伴會變得愚蠢。　　　　　　　　　——俄國作家契訶夫

愛情需要溝通

談一場美好的戀愛，需要彼此不斷的溝通理
解，才能為愛情注入新的動力，讓愛情永遠
像一首美妙的詩。

男人和女人的心理構造不一樣，運作模式自然也不一樣，
想法和做法產生歧異也是相當正常的事。因此，戀愛中的男女
必須經常坦誠溝通，愛情的幼苗才會開花結果。

當兩人在一起久了之後，妳會發現對方逐漸在變化，就連
你自己，也覺得自己在變化。

熱戀時期花前月下、卿卿我我的情景好像一去不復返了，
雙方由熱烈而變得冷淡，由如膠似漆變得陌生疏遠，愛情似乎
開始出現裂縫。

由愛而產生的嫉妒有其合理性，它表示對被愛者佔有慾，
容不下一粒沙塵；如果對方劈腿，妳卻能無動於衷，那麼你們
之間可以說已經不再有愛，只剩下習慣。

但是，愛情中的嫉妒卻也必須適度；如果過分疑神疑鬼，
對於這段感情的維持同樣不利。

愛情不可能永遠都是甜甜蜜蜜的，有時也會出現酸溜溜的
醋意，甚至是爭吵鬥嘴的苦澀。

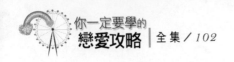

在這種剪不斷、理還亂的狀況下，無論哪一方，如果可以適時運用一點幽默來化解矛盾，往往都能讓對方破涕爲笑。

栽培鮮花需要不間斷的澆水施肥除草，以補充新的營養，清除雜草，這樣鮮花才不至於枯萎，不至於被雜草淹沒。

談一場美好的戀愛也是一樣，也需要彼此不斷的溝通理解，共同努力維持愛情的壽命。

對愛情來說，各種對於感情的嚴峻考驗，以及兩人對於初戀的生動回憶，都是不可缺少的。

唯有經歷這些，才能爲愛情注入新的動力，並同時剔除各種有損於愛情的雜念，讓愛情永遠像一首美妙的詩。

愛情備忘錄

愛越深，苛求的越切，所有愛人之間不可能沒有意氣的爭執。

——英國作家勞倫斯

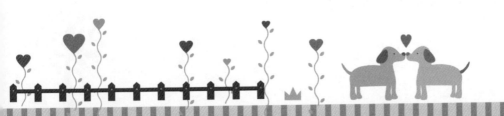

甜言蜜語就是愛的最佳武器

只要在對方需要柔情撫慰的時候巧妙的運用甜言蜜語，往往就能在愛情戰役中大獲全勝。

相戀中的男女相處時，甜言蜜語是必不可少的。

一般來說，女人擁有愛聽甜蜜語言的天性。沉浸在愛河中的女人，字典裡永遠沒有老套的字眼。女人就是希望不斷從眼睛和耳朵確認，「我在他心目中是最重要的」。

在大多數女人心裡，語言比行動更為重要。假如男人不在她們耳邊重複著「我愛妳」，她們往往就會認為與對方無法溝通。認為對方並不在乎自己，自己在對方心中沒有地位。

那些處於幸福、甜蜜中的女性，也都是根據戀人的「甜言蜜語」或反覆愛的動作才能安心。

儘管有些時候，女人心中已經明白自己在戀人心中的地位了，但還是希望對方能把它訴諸言語。女人之所以要求男人這樣做的唯一理由，就是：關心我就要讓我知道，你不說，我又怎麼會知道呢？

大多數的男人則認為，實際的行動比甜言蜜語重要得多。他們往往只注重滿足女人實際的要求，忽視了女人的心理需求。

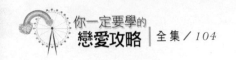

在現實生活中，許多情侶都因此產生過隔閡，為此分手的也不在少數。

因此，我們可以說，常用「我愛妳」、「我喜歡妳」這些話滿足女性，是男人在愛情中的重要任務之一。對女人來說，這就是顯示自己內在價值和魅力的表示。

一提起甜言蜜語，很多人都會將它和隱私相聯結，總以為只有兩人獨處，耳鬢廝磨時才會有甜言蜜語。其實，甜言蜜語不僅僅包括「我愛你」、「我想你」之類的話，同時也包括那些只有兩個人才懂的「私人用語」。

比如情侶之間的甜蜜稱呼，就屬於這類「私人用語」的範疇。其中意味只有談情說愛的兩人知道，外人無從得知，即使在大庭廣眾之下說出來也無傷大雅的話。

當然，並不是只有女人才喜歡甜言蜜語，甜言蜜語有時對男人來說同樣十分受用。只要在對方需要柔情撫慰的時候巧妙的加以運用，往往就能在愛情戰役中大獲全勝。

愛情備忘錄

能使你所愛的人快樂，這是世間最大的幸福，錯過這種幸福是荒唐的。
　　　　　　　　　　　　　　——法國作家羅曼·羅蘭

話說得好，感情才會牢靠

在戀人之間，如果能夠巧妙的掌握和這種含蓄的交談方式，對於感情絕對會有很好的潤滑作用。

「哪個男子不鍾情？哪個少女不懷春？為什麼此中會有慘痛飛進？年輕人啊！不要步我後塵！」

這是德國詩人歌德所寫的愛情詩篇。

愛情就像一杯美酒，有醉人的醇香，也有惱人的苦澀。詩中的「慘痛」固然有其深刻的原因，但是許多熱戀中的男男女女們，由於不曉得該如何「談」這場戀愛，因而紛紛步上歌德的慘痛後塵。

英國哲學家培根說：「交談時的含蓄和得體，比口若懸河更可貴。」

男人女人相戀，兩情相悅，語言交談是表達感情的重要方式，它直接反映著愛情的格調，也關係到愛情的生存和死亡。

由於每個人性格、身分、經歷的不同，因此也有不同的交談特點，或幽默，或平實；或坦率，或含蓄。如果輕易做出過分親暱、肉麻的表白，往往會顯得你缺乏修養，只是萍水相逢，便輕易說出山盟海誓，更是令人覺得沒有一點真心誠意。

尤其是剛剛步入愛情的男女，彼此間的心靈尚未徹底溝通，各自都在揣摩對方的性格，甚至還會暗暗衡量對方與他人的優劣長短。

這種時候最合適的言談，就是委婉的言辭，才能巧妙、有效的打動對方的心，提高這段戀情的成功率。

但是，這裡強調交談語言的委婉，絕不是要人說假話，或用花言巧語哄騙對方。所謂委婉的語言，必須要建立在真誠坦率的基礎上。

換句話說，婉言是表達自己真誠坦率感情的一種最佳方式，並非油腔滑調，更不是巧舌如簧，而是用最含蓄的語言來表達坦率的深情。

在戀人之間，如果能夠巧妙的掌握和這種含蓄的交談方式，對於感情絕對會有很好的潤滑作用。

愛情備忘錄

愛情，以兩顆成熟的心靈的交流為起點。

——作家余秋雨

溫柔細心才能擄獲芳心

恭維和讚美對女人來說是不可少的，戀愛中的女人尤其喜歡聽甜言蜜語。一句讚美的話，效果往往勝過一件貴重的禮物。

對多數女人來說，容貌幾乎就等於是自我的象徵，因此如果你的言語貶損了她的容貌，往往會讓她感到傷心。

男性總是被美女所吸引，因此，通常也難以了解對外表缺乏自信的女性，心中究竟在想些什麼。

其實，就算是長得再普通的女人，不管眼睛、嘴巴、酒窩……等，總有一兩處是值得讚美。因此，就算你覺得「美女」兩個字實在不適用於對方，那麼誠心的讚美她「眼睛真漂亮」，也可以讓她重建一點自信。

要知道，男人在剛強和勇敢的前提下，也必須擁有細心和溫柔，才能擄獲女性的芳心。

只要是女人，一般都希望別人尊重她，懂她。如果你可以隨口說出她所關心的一兩件小事，那麼她一定會感動不已。

對女人來說，如果你連她心裡面那種微妙的心情都能理解，一定會被你的溫柔細心打動，因而更信賴你，對你更加親近。

另外，穿著之於女人的意義，可說是身體的一種延伸。一

件新衣服、新飾品對她們來說不僅僅是一種打扮，也是全新自我的展現。一旦這些改變受到他人讚美，就像是自身價值被肯定一樣，同樣會讓她們興奮不已。

女人喜歡被別人認同的除了服飾，還包括愛好。她們希望別人與自己有相同的愛好，當她喜歡某件東西時，也希望別人有共同的感覺。

簡單的說，女人們通常希望別人圍著她轉。如果你們培養出共同的興趣和愛好，就能將兩人的感情緊密聯繫在一起，生活的樂趣也隨之增加。

再者，恭維和讚美對女人來說更是不可少的，戀愛中的女人尤其喜歡聽甜言蜜語。一句讚美的話，效果往往勝過一件貴重的禮物。

所以，當女朋友換了髮型，即使心裡覺得不怎麼適合，也得稱讚她幾句。因為無論你的感覺如何，當下能讓她開心，這才是最重要的事。

只要掌握這些戀愛技巧，對你的戀情可說是無往不利。

愛情備忘錄

魅力、眼神、微笑、語言，是女人用來淹沒男人和征服男人的洪流。
　　　　　　　　　　　　　——法國作家莫泊桑

情話，就是愛人的真心話

> 情話的魅力，就在於「情」。愛情本身就帶
> 有很大的衝動性，因而戀人們在濃情似火的
> 時刻，語言往往也缺少邏輯與理智。

熱戀情人間的談話，就像蜂蝶戀花，彩雲逐月，總是指向一個目標，那就是向對方抒發感情。

假如說愛情是人間最美麗的花朵，那麼熱戀男女的綿綿情話就是美麗花朵上，那一串串晶瑩奪目的明珠。

情話浸潤著戀人們濃烈的情感。在花前月下，在細雨黃昏中，戀人的言語就像年輕人五彩繽紛的生活，充滿了無窮的迷人魅力。

悄悄愛上了某個異性，卻又苦於不知道如何表達，這是許多年輕男女常常會碰到的難題。既羞於向人求教，更擔心落花有意，流水無情，最後，往往只好保持緘默。

一旦進入相戀的階段，情人們使用的語言比起一切還曖昧不明時，就顯得自由靈活多了。

在公園裡，馬路邊，在林蔭小道上，到處都可以看到戀人們耳鬢廝磨，細語呢喃，似乎總有說不完的情話。常讓旁觀者不能理解，難道真的有說不完的情話嗎？

　　事實上，情話是不可能說不完的，但是，從某種層面上來說，說它說不完卻也沒有錯。

　　所謂可以說完的，指的是那些卿卿我我、信誓旦旦之類的話。這些感情強烈的話，乍聽之下讓人心醉瘋狂，但要是說得太多，就會給人虛偽、誇張的感覺，不再那麼容易動人。

　　然而，在戀人之間，交談已不再是傳達資訊的工具，很多時候說話的內容對戀人們來說並不重要，更重要的是「說話」這件事本身。

　　伴隨著情話而來的語調、笑聲、眼神，一切都帶給雙方愉悅欣喜的感受，以及永久的回憶。

　　情話的魅力，就在於「情」。愛情是異性間相互吸引的一種非理性體驗，本身就帶有很大的衝動性，因而戀人們在濃情似火的時刻，語言往往缺少邏輯與理智，常說出許多讓旁人啼笑皆非的蠢話。

　　所以，如果兩人間有了真正的愛情，會說出海枯石爛、地老天荒這類不切實際的話，其實也不算過分。

愛情備忘錄

說到愛情，你明白嗎？即使愛過了頭也還是不夠的。

——英國作家博馬舍

別讓錯誤的態度傷害感情

 要談好一場戀愛，最重要的就是彼此之間的溝通，如果在言詞及語氣上不加修飾，最終只會讓兩人走向決裂的邊緣。

　　兩人世界雖然親密無間，但如果說話方式不妥，很多時候也很容易傷害到彼此穩固的感情。

　　禮貌待人，和氣說話，是溝通感情的重要條件。話語帶刺，或冷若冰霜，都很容易刺傷彼此的心。

　　要做到氣氛融洽其實很簡單，多加一個「請」字，語調更委婉一點，往往就能讓兩人都滿意。

　　是的，說話更客氣一點，實際上就是表示了你對對方的重視。別以為「謝謝」、「對不起」這類的禮貌用語太過生疏，實際上，些話不但能增進雙方的感情，有時候還能夠有效調劑氣氛呢！

　　再者，在愛情關係之中，兩人的地位必須是對等的。互相尊重不僅僅是出於禮貌，更是為了維護和發展已有的愛情。

　　有的人總是習慣對戀人使用「不能那樣」、「一定要這樣」的字眼，絲毫沒有商量的餘地，這其實是一種十分不尊重對方的行為。

要是遇到對方心情不好時，這些話往往就會成為戰爭的導火線。如果換成協商的口吻，不僅維持了對方的自尊心，更能讓對方接受你的意見。

生活中，兩人難免都會有不順心的時候。如果你的男友或女友遇到煩惱，心理不平衡，忍不住向你發洩時，千萬不能為了一時之氣以牙還牙，而是要忍讓，並且安撫他。

尤其，當一方遇到困難，受了委屈需要傾訴，另一方應該要給予體諒和同情，多多鼓勵他，絕不能說些諷刺、挖苦的話。因為，這類話固然讓你的意見聽起鮮明有力，但卻只會造成雙方的對立。

要談好一場戀愛，除了真切的愛意，最重要的就是彼此之間的溝通與言語往來，如果因為熟稔，而在言詞及語氣上不加修飾，最終只會讓兩人走向決裂的邊緣。

愛情備忘錄

年輕男女的戀愛，事先應要求嚴謹，事後應要求寬忍。

——法國作家樓福拜

愛情不是兩個人的事

 感情不僅僅是兩個人的事，它也會受到各方面的影響，處理不好與周遭人的關係，必定會影響到你們之間的感情。

　　雖然愛情是兩個人在談的，但卻不能只看成是兩個人的事。還會牽扯到父母、親人、朋友，不可能只在你與他之間牽一條線，而斬斷其他的線。所以，在顧及對方之餘，彼此都要處理好這相互聯繫的諸多人際關係。

　　很多女人總是把自己想像成仙女，渴望有一位寵愛她的白馬王子，自己卻不願承擔生活中任何義務和責任，終日活在夢幻般的浪漫中，結果自然會是一場悲劇。

　　就算是白雪公主也不應該忘記，她的白馬王子也有親人、朋友，也是現實生活中的一員。

　　與戀人的關係確定之後，終有一天，你們彼此都會走入對方的家庭。假如有一天，你被男友或女友邀請到家裡做客，一定會覺得緊張。

　　不過，與其光是緊張，不如好好想想，怎樣留給他的家人一個好印象。

　　不妨先打聽對方父母的喜好，然後帶點他們喜愛的禮物拜

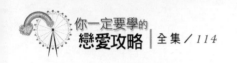
訪。若能對他的父母表現出尊敬的態度，尤其是母親，相信他一定十分高興。

一旦跌進愛河，很多人便會不自覺的將周遭的人淡忘。但不管忽視了誰，最重要的就是不能忽視朋友。

不只是自己的朋友，對對方的朋友，更是要重視。視而不見不僅對朋友是一種傷害，對你們的感情也同樣是一種傷害。

要知道，重視對方的朋友，會讓他有一種幸福感，同時表示你正進一步與他靠近，深入他的生活。

生活在這個世界上，免不了必須接觸種種人際關係，千萬不要讓你的愛情生活貧乏得只剩下彼此。

因為感情不僅僅是兩個人的事，它也會受到各方面的影響，處理不好與周遭人的關係，必定會影響到你們之間的感情，製造出不必要的麻煩，為未來投下陰影。

愛情備忘錄

如果一個人把生活興趣全部建立在愛情那樣的感情衝動上，那是會令人失望的。——波蘭科學家居禮夫人

6.

了解對方，
愛情才能百戰百勝

雖說感情不能強求，但只要了解彼此在戀愛過程中
不同的心理特點，一樣能採取正確的方法，
在愛情戰場上贏得對方的心。

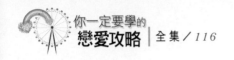
談場屬於妳的戀愛

還在癡癡等待妳的他主動靠近嗎？還是把主
動權抓在手上，好好談一場屬於妳自己的戀
愛吧！

　　二十一世紀是女人抬頭的年代，女人追求男人表示「不夠
矜持」的觀念早已落伍。

　　現代許多好男人往往不是太過靦腆，就是整天忙於工作，
如果女人不主動進攻，這些男人們或許一輩子就只能成為每日
與電腦網路為伍的宅男了！

　　當然，主動出擊之前，還是必須先做做功課的，尤其面對
不同年齡層的男性，相處時也應該要有不同的方法。

　　假使對方比較年長，不妨試著與他商議事情，但不要表現
出太強的依賴性，而是要採取徵求意見的方式。

　　就算沒有事情可商量，還是可以自己創造話題，問一些實
際上是假設性，但聽起來煞有介事的問題。這麼做最主要的目
的，就是藉機了解他內心的真正想法。

　　如果二人無法有更進一步的親密關係也無所謂，只要彼此
間可以像朋友一樣自在相處，不會感到難為情就好。

　　無論最後的結局如何，妳依舊可以從這些閱歷豐富的人身

上，學到面對問題時的思考角度與處理模式，這難道不也是一件好事嗎？

假設妳的目標年紀跟妳差不多，一切就更容易進行了。

但是要想順進展到更深一層的關係，首先就必須懂得製造接觸的機會。

不妨私底下仔細觀察對方，尋找接觸的話題，並適時以輕鬆的態度表達關心，對方肯定會覺得十分窩心。

要知道，知道自己被人注意，男人心裡也會感到高興，如果這時候妳能設法了解對方的愛好，找到他有興趣的話題，成功率必定大增。

如果妳打算來場女大男小的姊弟戀，致勝的秘訣就在於，妳必須掌握身為成熟女性的特質，表現出自己的溫柔與理解，並且不時傾聽對方說話，明白他正在苦惱哪些事，又有哪些得意的表現。

這樣一來，他肯定會拜倒在妳成熟體貼的女性風采之下。

不過，千萬要注意，在安慰對方的同時可別只說些同情的話，卻提不出什麼建設性的建議，這樣反而會讓他洩氣。尤其，不能擺出一副老大姐的氣勢，這只會讓他的自尊心受到傷害而已。

簡單的說，只要掌握年輕男孩愛撒嬌、具有較強的自尊心與虛榮心等特質，相信想要談場擁有充分掌控權的青春之戀，絕對不是難事。

戀愛從頭到尾都是需要用心經營的，不管妳心目中的理想對象是誰，一旦掌握了對方的人格特質與相應的應對技巧，就能夠讓愛情照著自己理想中的模式開始。

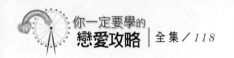

還在癡癡等待妳的他主動靠近嗎？還是把主控權抓在手上，好好談一場屬於妳自己的戀愛吧！

愛情備忘錄

即便是世界上最天真的男人，也免不了要向情人表現自己的偉大。

——法國作家巴爾札克

成功吸引他的眼光

男人也是人，同樣有脆弱的的方，在這種時候，女人天生的母性就會成為擄獲愛情萬無一失的法寶。

在今天的世界，如果妳還依舊堅持擁抱「女人不能太主動」的觀念，那麼「量身打造理想愛情」之於妳，也許就可能變成越來越遙遠的夢了。

不過，在妳展開獵愛行動前，千萬別忘了幾項基本的愛情要訣。無論是男追女或女追男，興趣嗜好相近往往是兩個人能互相吸引的主要原因。

如果他對理財投資頗有研究，妳可以多多了解各種投資工具的知識，找機會向他請教切磋；如果他喜歡攝影，妳最好趕快買一台專業相機；面對愛吃咖哩飯的他，妳不妨學著幫自己弄個咖哩便當，而且經常要「不小心」多做一份；如果他是個電影迷，妳最好趕快弄清楚那些大導演、大明星，弄清哪些影展獎落誰家……

藉著共同的興趣與話題，要拉近彼此距離就容易多了，再如何遲鈍的人，也一定會發現你們竟是如此志同道合。

倘使妳實在培養不出跟他相同的嗜好，那麼試著在他大談

理財時，故作不經意的，用迷濛崇拜、仰角四十五度的眼神盯著他吧！別忘了夾雜著幾句如：「哇！你好棒！」、「你懂得真多」等讚美詞，讓他覺得自己被重視。要知道，有的時候，男人其實是比女人還虛榮的動物呢！

另外，偶爾用點「苦肉計」，也能夠成功抓住男人英雄主義的心態。

因此心情不好或者受到委屈時，不妨利用機會找他傾訴，面對楚楚可憐的弱女子，哪個男人不會生起澎湃的保護慾呢？

然而，僅僅做到這樣還不夠。因為男人不僅喜歡當女人的保護者，有時也十分享受被女人母性呵護的感覺。聽他發牢騷、為他打氣……等方式，都能讓他知道妳隨時在他身旁。

許多愛情，都是起源於感激或並肩作戰的革命情感。當他愈來愈依賴妳時，便逃不出妳的手掌心了。切記，男人也是人，同樣有脆弱的地方，在這種時候，女人天生的母性就會成為擄獲愛情萬無一失的法寶。

身為現代女人，妳當然可以主動大膽追求自己想要的愛情，但千萬別忘了，維持基本的自尊也是十分重要的。

只要有了這樣的認知，無論這段感情的結果如何，妳都能擁有隨緣而不攀緣的豁達自在。

愛情備忘錄

不能只為了愛——盲目的愛，將別的人生要義全盤疏忽了。
——中國作家魯迅

了解對方，愛情才能百戰百勝

雖說感情不能強求，但只要了解彼此在戀愛過程中不同的心理特點，一樣能採取正確的方法，在愛情戰場上贏得對方的心。

　　男人和女人在戀愛中的情感表現有著很大的不同，即使進入熱戀階段，彼此的情感都達到十分強烈的程度，表達情感的方式仍然有著極大的差異。

　　從性格上說，通常男人的反應比較迅速強烈，意志堅強，勇敢膽大，熱情洋溢，但相對的，情緒起伏也大。

　　這種人格特質反映到戀愛過程，往往就會讓他們對愛的感受喜形於色，溢於言表。

　　因而，多數男人會把自己的想法態度，充分坦率的表露出來，既衝動，又不深思後果。感情強烈和受到刺激時不善控制自己，較容易急於用親吻、擁抱等形式表達愛。

　　女人外在表現則比較沉穩，但內心情緒靈活多變，感情充沛而脆弱。相較之下，在戀愛過程中，女人的情感顯得羞澀含蓄，善於掩飾自己，往往羞於直截了當做出愛的告白，而喜歡用婉轉暗示的方法。

　　即使是在交往過程中，多數女性也不喜歡大剌剌的用動作、

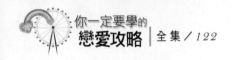

行爲的親暱來表示自己的熱情。

另一方面，男人通常都比較粗心，只顧及大的方面，對於女人細密的心思往往無法感同身受；甚至，有些男人還會把女人重視細節的行爲，視爲「難搞」，或者「想太多」。

最常出現的狀況，就是男人一味按著自己的步調進行，一旦發現對方情緒出現莫名的變化，就會感到不知所措。

由於女生通常情感細膩，善於觀察對方的心思，並且追求愛情那種親密無間的溫馨感，所以往往會暗自希望對方的言談舉止最好完全稱自己的心，但是結果常常並不如己意。

這就是爲什麼，很多時候男人不經意的一句話、一個小小的舉動就能引起女人不快的原因。

除了戀愛中的表達模式不同，面對愛情的波折，男女的承受力也不一。

談戀愛的過程難免會出現各種大大小小的摩擦，嚴重一點的，甚至也可能造成感情破裂。

一般來說，對待這類摩擦，男人通常比較不在意，對於雙方的矛盾和爭吵較能主動讓步，不願意把事端擴大。

女人卻往往容易爲一點小小的不愉快而激動不安，甚至哭泣。因爲她們最希望得到的，就是來自對方的細微體貼和關心。

一旦兩人出現爭執，不論是原因爲何，通常都會爲女人帶來「希望破滅」的危機感。

雖說感情不能夠強求，但是，只要能了解彼此在戀愛過程中不同的心理特點，就能夠採取正確的方法投其所好，在愛情戰場上贏得對方的心。

戀愛要掌握機會

戀愛是談出來的，讓人心跳的對象，往往可遇而不可求，因此一旦遇到了就要好好把握。

愛情是兩性之間的情感交流，需要雙方都投入感情。

如果只有一方產生了感情而另一方卻無動於衷，不知道或不願意，那麼產生感情的一方就只能算是單戀。

要是一味單戀卻又遲遲得不到愛的回報，沒有愛的補償，就會讓人陷入痛苦的深淵。

當然，情況最好的單戀，大概要屬一切還未明朗的曖昧期了。曖昧是愛情發展的第一階段，走入戀愛之前，雙方一開始都會體驗到這種感覺。只有經過這種既酸又甜的感覺，彼此才能鼓起勇氣求愛，一旦求愛成功，青澀單戀就會轉變為甜蜜的戀情。

不過，由於種種原因，並不是每個人大膽告白之後，就一定會被別人接受，偏偏有的人就是不能順利的發展愛情。

要是遭受拒絕之後，仍然不能忘記對方，就陷入另一種痛苦的單戀。就算兩個人感情已經發展了一段時間，但要是不幸分手，無法忘記對方的人同樣也會陷入單戀。

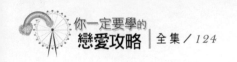

但事實上，所謂「單戀」，也可能只是一種錯覺而已。

在許多場合下，愛慕的心情往往是透過一些小小的舉動及眼神暗示，他人或許渾然不覺，但當事人卻可能心領神會。暗戀的複雜微妙，就在於這種無聲的交流之中。

不過，要是主觀意識太濃厚，一旦太過一廂情願，就有可能會錯意，產生「戀愛」的錯覺。

無論是哪種情形的單戀或暗戀，相信每個人都渴望彼此的關係可以從單方面付出，進化為可以得到回報的關係。因此，不妨試著改變態度，積極求證自己的感覺。不管對方的想法如何，主動出擊總比癡癡的等待還來的有機會多了。

要知道，愛情其實就是一門表現的藝術，必須鼓起勇氣大膽表白才行。也許，對方正等著你把話說開來也不一定。更何況，如果真的愛一個人，就應該把自己的真實想法讓對方知道。

當然，愛情並不是只靠滿腔熱情就可以維繫的，最重要的，還是雙方都要努力提升自己，而非只在原地踏步。相互扶持，並在愛情中共同成長，這才是兩個人在一起最重要的事。

戀愛是談出來的，讓人心跳的對象，往往可遇而不可求，因此一旦遇到了就要好好把握，積極追求。

別忘了，所有的愛戀，即使是單戀或暗戀，都有美夢成真的可能，只要能夠實事求是，積極主動的把內心的熱情轉化為外在的行動和表現，你就能獲得愛的回報。

善用技巧，才能燃起愛苗

愛情需要保持一定的新鮮感，如果能藉助電子郵件適時給對方一封甜蜜的電子情書，相信對於燃起愛火絕對有很大的幫助！

　　一般說來，愛情就像冬天裡的一把火，就算燒旺一點也沒有什麼害處。學會如何談場火熱的戀愛，絕對可以讓你在情場上受用無窮。

　　以女人來說，五官感覺中最敏感的，大概非觸覺莫屬。

　　熱戀中的女孩總喜歡牽著男友的手，因為肢體接觸就形同無意識之中確認彼此的關係，向他傳遞自己對他的好感。

　　照這個說法來看，如果要打從心裡征服女人，找個適當的時機牽牽她的小手，就成為必不可少的步驟之一了。

　　再者，許多男女雖然已經「戀愛」了一段時間，但實際上，彼此之間的交往卻完全停留在一般友誼的範圍之內，絲毫沒有更深入的發展。這種情形，在少男少女純純的青澀戀情間最常見到。

　　這類交往的接觸，經常只限於大夥一起打球，或一起去參加朋友的聚會等，如果缺少單獨相處的機會，那麼這段感情就只能在原地踏步了。

但是，有一天，要是對方突然收到你的訊息、電子郵件，甚至是隨手寫下的小紙條，心情一定會變得相當微妙。

雖然你們幾乎天天碰面、交談或講電話，但是這種訴諸文字的用心，仍會讓她的心裡泛起陣陣漣漪。

從收到簡訊的那一刻到讀完內容，雖然可能只是十幾秒間的事，但收信者的心情變化和期待感，是電話交談所沒有的。

電話會隨著聲音的消失而消失，但文字卻可以隨時拿出來反覆閱讀，不知不覺中就加深了對你的好感，內心也會跟著出現許多甜蜜旖旎的聯想。

隨著通訊技術發達，紙上書信已經越來越不流行了，但是，愛情中的兩方依舊需要保持一定的新鮮感與想像空間，如果能利用電子郵件或者訊息，適時給對方一封甜蜜的電子情書，相信對於燃起你們之間的愛火，絕對有很大的幫助！

愛情備忘錄

紙上求愛也許是最有趣的求愛方式，因為這是最能持久的。
——愛爾蘭作家蕭伯納

愛不一定要直接告白

情感的掩飾壓抑是一件痛苦的事，為此，人們會自覺或不自覺的藉著許多途徑宣洩內心的情感。

據說，俄國作家契訶夫曾經收到一個包裝精緻的包裹，裡面是一個漂亮的盒子，盒子裡裝著一個金質的懷錶。

懷錶的形狀並非象徵愛情的心形，而是一本書的模型。正面刻著《安‧契訶夫小說全集》，背面刻著「第兩百六十二頁第六行和第七行」。

雖然是自己的作品，契訶夫一時卻也想不起內容寫的是什麼。但從那熟悉的字跡看來，他知道這應該是來自當時年僅二十一歲的知名女作家阿維諾娃的禮物。

契訶夫立刻從書架上取下那本書，按錶墜上提示的頁碼翻開。在《鄰居》這篇作品裡，他找到了這樣一段文字：「什麼時候需要我的生命，來，拿去就是。」

契訶夫從中感受到阿維諾娃那顆滿懷激情的心，正在企盼自己的回音。遺憾的是，當時阿維諾娃已經是有夫之婦，契訶夫也就沒有接受這位女作家的感情。

但是，阿維諾娃利用意中人的作品，巧妙且大膽表露心跡

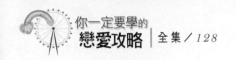

的熱情，從此卻被世人奉爲佳話，廣爲流傳。

顯然，在情場上由於每個角色所處的條件背景不同，各自的性格也存在差異，因此，也就無法要求每個人對於愛情都直言相告。

但是，這份愛情總是要尋找出口的，長時間的沉默或感情的掩飾壓抑，是一件萬分痛苦的事。

爲此，人們會自覺或不自覺的藉著許多途徑來宣洩自己內心的情感。

當然，這種「藉題發揮」的手段要能達到效果，首要條件就是彼此必須有相應的情感基礎，否則就只是徒勞無功罷了。

愛情備忘錄

如果你的愛沒有引起對方的愛，如果作爲戀愛者，透過生命表現沒有使自己成爲被愛的人，那麼你的愛就是無力的，就是不幸。　　——德國思想家馬克思

細心，才能深得她的心

戀愛成功最大的秘訣，就在於細心，如果可以多花點心思在對方身上，那麼所得到的收穫絕對超乎你的想像。

從某種意義上來說，無論男人還是女人，都希望得到別人的讚美。不僅僅是別人的誇讚，人們更需要來自戀人的讚美，因為那意味著戀人對自己的欣賞與肯定。所以，如果你正處於戀愛之中，只要掌握好讚美對方的語言技巧，那就對了。

根據心理學家研究，女性的神經要比男性更脆弱，更注意直覺，同時語言的接受和反應也比男人敏銳得多。

也就是說，讚美的話對於女人來說，往往更能產生特殊的影響。女人對自己得到的獎勵往往特別開心，尤其是針對自己衣著、髮式、容貌、姿態、風度的誇讚，更令她們高興。

讚美女性，尤其是讚美你的女友，不僅迎合了她內心的需要，同時也可以顯示出你的紳士風度。

戀愛中的男人，不要害怕把讚美說出口，儘管大方的誇獎她，只要記得必須選擇得體一點的用語，否則也可能造成對方的誤會。

雖然女人喜歡聽到別人的稱讚，但多少還是有點自知之明，

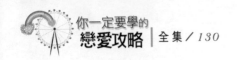

對於聽起來不切實際的誇讚，往往會十分反感，認為你油嘴滑舌。

所以，讚美也必須別具巧思。如果你的戀人是位美麗的女孩，稱讚她的容貌雖然也會讓她覺得高興，但假如總是只讚美容貌，聽久了難免也會厭煩。所以，不妨偶爾換個角度，稱讚她的氣質或者風度。

一般而言，稍有修養的人，對於內在涵養往往更為留意，如果你誇獎她的氣質涵養，還有學識，她會更覺得引以為榮。

再者，戀愛中的女人是非常敏感的，如果某一方面的讚美聽多了，對方往往也會認為你好像不太在意她，沒有發現她的其他優點。

要知道，稱讚一個人，與其稱讚她最顯眼的優點，不如發現她最不明顯，甚至連她自己也沒發現的長處。

所以，身為男人一定要細心、仔細，多用心觀察另一半的一舉一動，她一定會感受到你對她的重視。

戀愛成功最大的秘訣，就在於這份旁人不及的細膩，如果可以多花點心思在對方身上，那麼所得到的收穫絕對超乎你的想像。

愛 情 備 忘 錄

愛越強大，憂煩越深，芝麻之事也令人牽腸掛肚，而強大的愛便由此誕生。

——莎士比亞

單刀直入，才能贏得女人心

要贏得女人心，就要避免她有任何拒絕的機
會或念頭。如此，你的戀情才能夠有個順利
的開端。

　　有人說，男人婚前是用眼睛選擇對象，而女人婚前則是用
耳朵決定終身。

　　確實，甜言蜜語的確可以說是男人求愛的第一要訣；而甜
言蜜語之中最最好聽的話，就是百聽不厭的「我愛你」。

　　別怕會因此嚇壞對方，事實上，這種直接而熱情的表白，
對女人來說可是十分受用的。

　　以求婚為例，像是：「老婆，今天天氣很好，我們訂婚
吧！」或者是「我要怎麼求婚妳才會同意？」之類的切入方式，
成功率往往是百分之百。

　　男女之間談戀愛當然也是如此。如果要用一句話來概括愛
情成功的最高原則，那就是要「單刀直入」。

　　無論男女，要想拉進彼此的心，最首要的就是建立一個共
同的目標。

　　當雙方有了共同的目的時，為了達到目標，兩人就必須同
心協力。這種同心協力的關係，自然而然就能把彼此的心緊緊

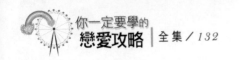

牽在一起，並產生勞不可分的革命情感。

共同合作不只會讓彼此間產生親近感，從合作的過程當中，也可以洞悉對方的心思。

總之，如果要想打開異性的心扉，首先就必須製造彼此間的協作關係，這一點是非常重要的。

一旦彼此間有了同心協力去做一件事情的機會，感情的迅速發展自然就在意料之中了。

再者，經常使用「我們」這樣的稱呼，也可以讓對方在不知不覺中，感覺彼此是「一體」的。

尤其，女人對兩人轉變為一體的變化更是非常敏感。從心理分析的角度來說，女性十分排斥「你是你，我是我」的二分法，喜歡傾向於「群體」，群體當中有我。

這是因為群體給人溫暖感和保護感，可以讓女人不覺得孤獨寂寞。

更進一步來說，一旦喜歡上一個男人，女人往往會夢想有一天能與他穿著相同的服飾走在街上，也比以往更偏好「兩人同行」的折價優惠。類似這種「兩心相連」的構想，其實就是一種少女情懷。

當然，並不是只有女人才會有這種心理，許多情侶到餐廳用餐，往往喜歡共飲一杯飲料，共用一份餐點；就算各自都帶了傘，還是情願兩人共撐一把小傘，淋溼也毫不在乎。

種種行為，都是渴望「一體」的心理表徵。

另外，很多人對自己不滿的事總是很明顯的表現出來，女人尤是如此。

在這種情況下，若是責備她只會任性抱怨，必定會引起她

的反感，覺得自己不被理解。

因此，如果你要反駁她，不妨先贊同她的觀點，再委婉的用「但是」、「不過」來陳述自己真正的想法。

要贏得女人心，就要避免她有任何拒絕你的機會或念頭。因此，言談舉止之間都必須多用點心思，如此，你的戀情才能夠有個順利的開端。

愛情備忘錄

女人是絕對不會有錯的，即使有錯，聰明的男人也不要說出來，最好把它攬在自己身上。

——印度作家泰戈爾

7.

攔截妳的白馬王子

要知道，情感這種東西是十分微妙的，
當他一旦發覺妳已經成為他
生活中不可缺少的一部分時，
自然逃不出妳的手掌心了。

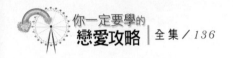
掌握技巧，示愛才會有成效

 妳不妨多用點心思，巧妙地製造一個「邂逅」的場面，才能使你們的關係有一個美好的開端。

凡尼莎在上下班的電梯中經常遇見愛德華，她對他一見鍾情。每次見到愛德華，凡尼莎都感覺自己臉紅心跳，手足無措，但是卻缺乏足夠的勇氣向他表達愛慕之情。這股熱烈的感情堆在心裡，簡直要像火山爆發那樣把她熔化⋯⋯

求愛是感情發展的一大突破，若妳知道對方對妳確實有意，正在期待著妳跨越那道界線，妳就應該當機立斷，千萬不要坐失良機。

耽誤求愛的佳機，往往就會耽誤妳的一生。

與男人往來時，女人採取主動並沒有什麼不可以。妳不妨大膽一點，積極開口，也許女人就是應該要這樣，因為雙方在曖昧時，經常會莫名其妙地相互轉換了角色。

法國文學家維克多‧雨果在一百多年前就發現了這種情形。於是寫下了這句話：「愛情的第一個表徵，表現在男人的身上是膽怯，表現在女人身上卻是大膽。」

男人不但不會覺得妳唐突，反而會感謝妳主動打破了這道

冰牆。記住,男人的粗獷是針對別的男人而來的,在女人面前他反而會變得拘謹。

一般說來,男人並不會介意女人主動出擊。如果在大街上或公車上,突然有一名陌生的女子向一旁的年輕人打招呼,他的心中反而會覺得很高興,甚至會爲他帶來信心。

因爲當妳表現出親切大方的樣子,對方不但不會用奇異的眼光看妳,而且會覺得跟這麼親切和善的女人相處,一定有很多樂趣。

所以,不要用妳的想法來衡量男性,男性和女性的想法往往會有很大的出入。

對女性求愛者而言,選擇時機是十分必要的。

首先,妳可以利用和對方相遇的機會。

回到最前面的例子,凡尼莎在上下班的電梯中經常遇見愛德華,並對他一見鍾情。每次見到他都忍不住臉紅心跳,手足無措,但是卻缺乏足夠的勇氣向他表達愛慕之情。

於是,她開始尋找機會和愛德華接近。當他們再一次在電梯中四目相對時,凡尼莎按捺住心跳,用坦然而平靜的口氣開口了:「你會不會覺得電梯裡很熱?」

接著,愛德華便很高興地和她攀談起來。凡尼莎的話雖然很簡短,但是卻很關鍵,這不僅爲她提供了認識愛德華的機會,還爲他們創造了再次交談的契機。

其次,妳可以可選擇男性獨自一人的時候示愛。

不管男人女人都一樣,處在團體之中與獨處時的心理狀態是完全不同的。尤其,和許多朋友在一起時,不對特定的對象表示出關心,是成年男子的處世經驗。

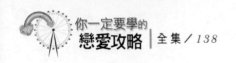

　　因為，這可以避免刺激別人的好奇心，也避免被人認為自己輕浮，在這種場合中和女性的談話，大都會儘量控制在不暴露自己真正心意、近乎玩笑的範圍之內。

　　當他閒得發慌，獨自一個人的時候，或是在他一個人加班、值班、漫不經心的獨自散步時……這時候男人能比較坦率地談論自己的事。

　　因此，妳不妨多用點心思，巧妙地製造一個「邂逅」的場面，才能使你們的關係有一個美好的開端。

攔截妳的白馬王子

 要知道，情感這種東西是十分微妙的，當他一旦發覺妳已經成為他生活中不可缺少的一部分時，自然逃不出妳的手掌心了。

當妳發現心中的愛苗已經悄悄地在心頭蔓延，可別忘了，愛雖然要含蓄與委婉，但卻更需要大膽表白！因此，當妳心中理想的白馬王子出現時，不妨想個辦法將他「攔截」下來吧！

首先，吸引對方的注意是最首要的一件事。

在兩人素昧平生的狀況下，為了讓他主動性跟妳搭訕，妳得要充分利用各種方法引起他的注意。

基本上，「故作姿態」不失為一種吸引異性注意的有效方法。例如當著男生的面，表現出自己溫柔嬌俏的一面。

而另一個方法則是「羞怯」。也就是要適時表現出羞澀、惶惑不安的態度，即使覺得好笑，笑的時候也要恰到好處，不要齜牙咧嘴。這些女性特點若能充分表露，一定會讓對方開始偷偷注意妳。

第一印象是初戀的關鍵，它往往如電光石火，讓人備感深刻、清晰，愛情的種子經常就是萌發於這最初的一瞥。因此，在第一次見面的場合裡，妳一定要注意到自己的儀表。

適當的打扮是必要的，使自己的優點能夠突出，但是要避免濃妝艷抹。因為矯揉造作只會使妳原本的特色消失殆盡。

除了穿著，一舉一動也要十分注意。如果眼睛到處亂轉，或者一味盯著對方，就會給對方膚淺輕佻的感覺。

在談戀愛之前，一定會有彼此認識的過程。妳不妨利用這點緩衝時間，把自己討人厭的壞習慣改掉，以免破壞了先前在對方心裡留下的好印象。還有，要儘量使自己顯得快樂與自然，比較容易讓對方產生好感。

妳觀察過蝴蝶嗎？一隻漂亮的蝴蝶，當牠靜靜伏在花草上的時候，並不很吸引人，只有當牠擺動雙翼在空中飛舞的時候，那種富有生氣的美才得以充分展現。

談情說愛也是一樣，需要精神充沛、充滿活力，散發青春韻味。消極悲觀只會讓自己的心境未老先衰而已。試問，有誰會喜歡一個孤僻冷漠、呆板無趣、沒有熱情和朝氣的對象呢？

別忘了，在眾人之中一眼就看見了妳理想中的對象時，千萬別失去理智，一頭就這麼栽進去。就算妳覺得對方是妳的真命天子，也該先搞清楚清人家是不是已經有對象了，以免到頭來白忙一場。

一旦知道他還沒有交往中的對象，那麼下一步就是要想辦法多接近他。在缺乏社交活動的情況下，製造機會最好的辦法就是借東西，像是書或是球拍這類的東西。

因為這能夠給人喜愛閱讀、運動的健康印象。而且有借就有還，光是一本書就可以製造兩次接觸的藉口，而且不著痕跡、既自然又合理，即使事情最後沒有結果，妳也不至於太難堪。

接下來，當妳故意製造機會和他接觸時，就要把握時機，

努力贏得對方的好感。尤其兩人單獨相處的時候,更是要用各種舉動提醒他,彼此之間有著「男與女」的差異。

　　妳的動作可以更女性化、更細膩一點,不要滔滔不絕、長篇大論,最好以溫雅自然、輕言細語為宜。因為,此時的目的並不是要表現自己的才幹,而是要設法讓妳的「愛情獵物」主動接近。

　　別忘了,欣賞對方、讓他在心理上有種被重視的滿足,是取得信任的有效方法。兩人相處時,對方往往渴望得到妳的讚賞,因此對他做對的事情要表示由衷的喜悅和讚揚,他說的話也要留神傾聽。

　　然而,生活並不一定能完全盡如人意。也許有時候只有妳一頭熱,但妳也不要因此而失去信心。

　　就算當不成情人,妳一樣可以先維持朋友的關係,主動從生活上給予關心。要知道,情感這種東西是十分微妙的,人常常會在一瞬間改變過去頓某件事、某個人的看法,有時這種改變連自己也會感到意外。

　　當他一旦發覺妳已經成為他生活中不可缺少的一部分時,自然逃不出妳的手掌心了。

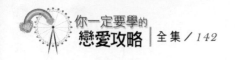
用微笑打動對方的心

自然明朗而甜蜜的微笑，可以說是女性最聰
明的武器，雖然很難達到「一笑傾城」的效
果，但卻會讓對方留下一個好印象。

所有女人都希望能在自己喜歡的男人心中留下一個良好的
印象，而人際關係大師卡內基則教了我們一個最簡單的方法，
那就是微笑。

他曾經說過：「一個人的面部表情比穿著更重要。笑容能
照亮所有看到它的人，像穿過烏雲的太陽，帶給人們溫暖。」

換句話說，行動比語言更具有力量，微笑所表示的，就是
「我喜歡你，你讓我快樂，我很高興見到你」。

妳的四周一定有許多不那麼可愛的人吧？儘管如此，當他
們對妳微笑時，妳卻不會覺得他們真的一無是處。

當我們碰到一個衣著邋遢、滿臉鼻涕的小孩，卻展開一臉
天真無邪的笑臉，那最開始的厭惡感一定立刻大大的減少許多。

同樣的，微笑也是女人最好的化妝品，身為女性的妳不能
不知道這一點。常保持笑容的女人，看起來開朗而純潔，可以
留給人美好的印象。

經常露出微笑的人即使沉默寡言，態度拘謹保守，仍然能

吸引人。想想，如在談話時妳滔滔不絕，而對方卻面無表情，那一定很令人失望。

相反的，如果對方對妳的每一句話都表露出感興趣的微笑，妳必然會談得更愉快。所以，微笑實在是協調人際關係的一個好方法。

在男人的面前表現自己的好情緒是很重要的。

要讓一個男人相信妳是美麗的，最好的辦法就是讓妳的笑容充滿整個空間。笑能添三分美，一張原來只有七分美的臉，如果再加上笑容就有滿分十分的分數。

妳知道嗎？許多男人在內心深處總是喜歡想像，有個女孩願意和他作伴，在他面前她會很開心，笑得很開懷。

雖然這只是一種想像，可是如果女孩老是悶悶不樂或毫無表情，男人卻會認為這與自己有關。無疑的，這將很容易引起一些不必要的誤會。

據說對演員而言，最不容易的演技之一就是笑。一個演員如果缺乏真正愉快、明朗的感覺，就不容易將真正的笑容傳達給觀眾。

有些女人雖然長相出眾，但是她們的笑容卻是千篇一律、缺乏真心的。她們並不是將不可言傳的情感透過甜美的微笑來表達，只是擺出美人該有的微笑而已，因此看起來就顯得平板而虛情假意，這種偽裝的笑容往往也讓人難以忍受。

有的女人為了改變沉鬱、膽怯的表情，便經常試著展露笑容。然而，如果只是求表面上的改變，沒有從根本上的心態做起，別人便會覺得這種笑容實在虛偽。

想一想，如果跟妳面對面坐著的戀人看到這樣的笑，對妳

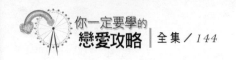

的印象會好嗎？又有誰不喜歡有著真誠自然微笑的女孩呢？

　　想要努力使笑容富有內涵和魅力，就必須要發自內心。因為發自內心的笑是最吸引人的。自然明朗而甜蜜的微笑，可以說是女性最聰明的武器，雖然很難達到「一笑傾城」的效果，但卻會讓對自己有意思的男人留下一個好印象。

　　所以，只要保持愉快的心境，增強自信心，就會表現得開朗、勇敢。而且他人也會感受到妳的真誠；受到妳的真誠感染，妳的戀人也會以同樣的真誠待妳，兩人的愛情自然會因此加溫。

讚美也是一種愛情的手段

雖然男人最討厭饒舌的女人，但最能夠吸引男人的，並不僅僅是一個會「傾聽」的女人，還應該是一個健談的女人。

　　想要成功抓住意中人的心，首先就必須要學會如何發現別人的優點，並且加以讚賞。

　　在這方面，卡內基給了我們很好的啓發。他是這麼說的：「使一個人發揮最大能力的方法就是讚賞和鼓勵。真誠的讚揚可以收到效果，批評和恥笑卻會把事情弄得更糟。」

　　哲學家約翰‧杜威教授也表示，人類天性中最深切的衝勁，就是「成為重要人物的慾望」。

　　美國總統林肯有一次在一封信的開頭裡更是提到：「每一個人都喜歡別人的讚美。」

　　而心理學專家威廉‧詹姆斯也說過：「人性中最深切的本質，是被人賞識的渴望。這是一種深藏而持久的人性饑渴；而一個能夠真誠滿足他人這種饑渴的人，將可以把別人握在他掌心裡。」

　　由此可知，在和異性交談時，不妨發自內心多讚美幾句，比如說對方「很有個性」等。

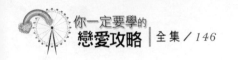
　　妳也可以稱讚對方：「雖然只是一件小事，但是你卻很認真完成它，我就是喜歡你這一點！」

　　或者說：「雖然是男人，但卻會被劇情感動得流淚，我就是喜歡你這種感情豐富，表達坦率的個性。」

　　特別是當對方遇到挫折，或是覺得自己做錯事時，妳若能說些這類肯定對方的話，更能顯示出妳的寬容，還有了解對方的本質，絕對會讓男人覺得感動不已。

　　同樣的，妳不妨強調跟對方在一起「很安全可靠」。

　　「只要跟你在一起，我就會覺得心情平靜」、「跟你提起這些事，我一點也不必擔心會有其他人知道」。

　　這種「只有你才讓我覺得放心」的說法，既讚美了男人的力量和氣魄，滿足了男人的優越感，又能強調彼此的親密關係，對男人用這一招，效果通常都會不錯。

　　需要注意的是，妳的這種讚美應該是眞誠、並發自內心的，否則就會變成一種虛僞的恭維。

　　我們應試著找出別人的優點，給人誠實而眞摯的讚賞。「誠於嘉許，寬於稱道」，夠誠摯，接受到讚美的人才會一再咀嚼妳的話，並視爲珍寶一般記在心裡。

　　「一對敏感而善解人意的耳朵，比一對會說話的眼睛使一個女人更討人喜歡。」卡內基這麼說。

　　如果妳夠聰明，應該一下子就可以猜到，接下來我想說的吸引男性的另一種方法，就是「學會傾聽」。

　　別忘了，男人總會認爲自己的話很有分量、很重要。即便他談的只是一些雞毛蒜皮的小事，妳也不必太過介意，關鍵就在於表現出細心傾聽的樣子，把對方的話引出來。

　　男人的頭腦有時很簡單，女性在做暗示或明示的表白時，只要讓對方感到被重視就夠了。

　　所以，妳大可以直接找個他喜歡的話題，然後自己保持沉默。更何況，懂得傾聽，還可以從對方的談話中，對他產生更多的認識，這對於妳了解他的過程中，幫助是很大的。

　　雖然男人最討厭饒舌的女人，把大部分說話的機會讓給他，就足以令他樂不可支，但最能夠吸引男人的，並不僅僅是一個會「傾聽」的女人，還應該是一個健談的女人。

　　健談不是喋喋不休，而是在「合適的時候說合適的話」。這是一種機智與常識融合而成的說話藝術。

　　一個不會說話的人，往往容易在交談中無心觸犯到別人，也許這只是一種無意識的行為，但卻可能使人對妳敬而遠之。

　　掌握時機說些「合適」的話，是吸引男人的另外一種特色。記住，在什麼山上就唱什麼歌，妳應該要試著創造更多能夠自由交談的時間和地點，才能為示愛行動增加更多的成功機會。

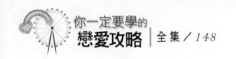

第一次約會要主動出擊

邀約對方時要有明確的計劃。細節也都要有
周到的安排，這樣對方才能放心地接受妳的
邀請。

「月上柳梢頭，人約黃昏後。」這樣的約會場面可說是戀
愛過程中的重點之一了。

但是妳知道嗎？約會的目的，並不只是與一個自己喜歡的
人共同出遊，也不是彼此傾聽甜言蜜語這麼簡單而已。

約會的主要目的是試探對方的心意，並在彼此交往中，觀
察雙方的優缺點，以便尋求適應的方法，為彼此將來更深厚的
關係做準備。

但是，想要利用邀約向對方示愛時，應該怎樣才能讓他不
拒絕呢？

首先，邀約的語氣不用疑問句，而是要用肯定的祈使句。

開口約對方的時候，同一個意思可用三種不同的語氣來表
達，例如：「這個週末要不要和我出去玩？」「這個週末請跟
我出去玩好嗎？」「這個週末我們出去玩吧！」

在這三種邀約方式中，最容易讓人接受的方式就是第三種
了。

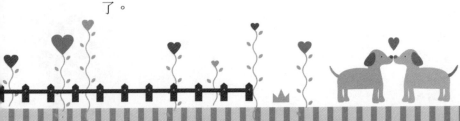

因為，這種「……吧！」的說法，具隱含有「同一夥人」的意味。相反的，用「……嗎？」的說法，是屬於站在同伴之外的立場說的，會讓人產生一種「該答應嗎」的想法而躊躇不前。

所以，想要和對方約會時，還是有精神地對他說：「一起去玩玩吧！」對方就很難有說「不」的機會。

其次，前面我們談過，每個人都有做重要人物的慾望，所以當妳在提出邀約的過程中，不妨利用一下對方的這種心理，相信我，他心裡面一定會覺得很高興。

妳可以說些：「我在想，如果是你的話會怎麼決定」、「你最近在忙些什麼」、「如果是你該有多好……」

諸如此類具有誘惑力的語言，相信即使你們只有幾面之緣，他也不會將這些話置若罔聞的。

想讓對方喜歡妳，在平常的對話中將他放在話題的中心，也是吸引異性的一個秘訣。

像是在談話中故意表示即使沒有見面，也不會減少對他的關心，這會讓他感到愛和幸福，並滿足受重視的自尊心。在這種時候提出約會的要求，對方一般都會接受。

最後一個方法，就是提出幾個方案供他選擇。

邀約對方時要有明確的計劃。

跟誰一起去？去什麼地方？吃飯問題怎麼解決？這些細節都要有周到的安排，這樣對方才能放心地接受妳的邀請。若他還是猶豫不決，妳不妨提出幾種意見讓他選擇一下。

像是喜歡去美術館還是逛公園？吃速食還是吃火鍋？表面是給對方選擇的自由，但事實上大權還操在妳的手裡，因為問

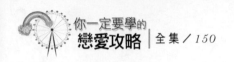
題已不是「去或不去」，而是「去哪個地方」了。

如果妳能巧妙地施展以上技巧，相信你們兩人第一次的約會很快就會出現，並且對方也很快就會敗在妳的攻勢之下，成為妳的愛情俘虜！

善用文字傳情，愛情自然甜蜜

> 透過文字的傳達，不只可以彌補無法見面的
> 缺憾；還能讓感情隨時維持在一定的熱度，
> 這對戀人來說是十分重要的。

　　寫情書，聽起來似乎是個老掉牙的招數，容易讓人聯想到
過去一切都還得靠書信往來、連打通長途電話都要心疼個半天
的時代。

　　但實際上，現代的情書定義改變了，並不只限於正式的書
信，隨手寫下簡單的便箋、小卡片，甚至是電子郵件、訊息，
只要是能對戀人表達心意的，都可以是情書的一種。

　　簡單說，寫情書的目的就是向對方表達自己當下的心情，
並引起對方共鳴。所以無論是何種形式，只要能達到這種目的
就可以了。尤其如果抓對時機，用文字的方式表達自己的心意，
往往會有意想不到的效果。

　　最基本的就是剛剛認識的時候了。這時候雙方雖然透過接
觸，對彼此已經有了初步了解，但這種了解往往還是處在淺顯、
模糊的階段。

　　如果彼此依舊有意，一封甜蜜的情書對你們的感情來說絕
對有加分的作用；假使雙方對對方的印象有些錯誤的認識，也

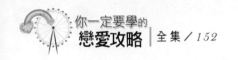

可以透過文字上的溝通做更進一步的了解。

不過，要是雙方都還在猶疑不決，這封信就可以成為重新對未來的關係做出判斷，並決定要不要繼續下去的關鍵。

當然，這個時期的情書，應該根據自己的直覺，寫得含蓄委婉一點。

另一種情形是兩人產生誤會，必須靠文字來解釋與挽回。

當戀人彼此十分相愛的時候，自然就會比較敏感易傷。不要以為只有女性才容易敏感，其實男人在戀愛的過程中也會變得敏感異常。

有時即使只是妳無心的一句話、一個舉動，都會讓對方做出無謂的聯想；而過於敏感和猜疑，就容易導致誤會產生，如果處理不當，往往只能步向分手一途了。

在這種時候，訴諸文字的方式，往往比口上直接溝通還要來得有效。不只可以幫自己理清思緒，冷靜找出誤會發生的原因，還能免去面對面可能出現的情緒性對話。

而且，有時透過真情流露的文字呈現，更能清楚表達內心的情感，反而會為愛情帶來不一樣的潤滑作用。

在日常生活中，我們難免會遇到不如意的時候，這時，來自戀人的撫慰，往往能讓人從中獲得更多前進的力量與勇氣。

尤其以男人來說，更是不習慣將感情表露出來，即使有許多困惑與煩惱，最多也只是悶在心裡。

而這些煩惱、憂慮，大多來自兩種。一方面是他與社會間的摩擦，例如在公司與人發生爭執，工作上有些不順利……等；另一方面也有可能是因為感情上的問題，像是遭父母反對、對彼此間的關係缺乏信心等。

　　這個時候，他一定會希望從妳身上得到溫暖的慰藉，希望自己的苦惱被妳理解。因此，除了透過交談，適時地寫一些鼓勵、窩心的小紙條，給予理智的分析或精神上的支援，往往能使對方的心情獲得平靜。

　　人與人之間需要相互安慰，戀人間更需要在彼此困頓不安時互相慰藉。當他的生活出現變故，簡單幾句真摯的隻字片語，不僅能表達自己的支持，而且還可能成為對方戰勝挫折的精神支柱。

　　再者，由於生活、工作或者其他的原因，戀人們或許必須面臨分隔兩地的狀況，這種分離有時只是短短幾天、一週，有時甚至長達數月以上。這時如果雙方關係還不是十分牢固，又或是說妳害怕因為彼此見不到面而使關係淡漠下來，不妨提筆寫封信或是電子郵件。

　　這麼一來，不只可以彌補無法見面的缺憾，還能讓感情隨時維持在一定的熱度。這對戀人是十分重要的，一旦彼此的聯繫中斷，淡漠會很容易乘虛而入，威脅著既有的關係。

　　從相識到相愛，從相愛到確定關係，甚至是婚禮的舉行，戀愛的過程就是從一個階段跳到另一個階段，在面臨這些戀愛關係的重大轉折點時，彼此的心裡多少會有一些感觸與感動。

　　這時候，妳不妨將這些潛藏在內心的感動記錄下來，並讓對方知道。

　　很可能這個時期，雙方的關係已經不像一開始那樣時時充滿激情的火花，取而代之的是細水流長的平淡穩定。透過這些心情記錄，也許可以為你們的愛情增加一些不一樣的浪漫與溫馨。

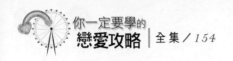
感情當然要用心經營

愛情剛開始的時候是很脆弱的，因此一舉一動都要十分謹慎、用心經營，才能確保這段感情可以繼續維持下去。

很有可能在妳的生活中會遇見這樣一個男孩，讓妳深深為他著迷，並且經常不由自主的在朋友面前談起他。

雖然他幾乎就是妳夢寐以求的的白馬王子，但這段感情仍然太稚嫩，基礎尚未穩固，任何轉折都可能出現。

尤其是相識之後最開始幾次的約會，幾乎可以說扮演了鞏固或粉碎這段感情的關鍵。

當女人一頭栽進愛河裡時，往往會犯了一下子太過投入的錯誤，讓對方產生負面印象。

愛情是需要步步為營的，別老是期待每個週末都要與他共度，自作主張重新佈置他的住處，這些事等到這段感情有了結果之後再來做也不遲，妳又何必急著要掌控他的一切呢？

尤其，才剛開始交往就認真的告訴男人妳愛他，妳想要為他生很多孩子，對方的反應多半是逃得無影無蹤。妳應該讓感情自然發展，保持隨緣的態度，才不至於給人太大的壓力。

還有，對於目前正在交往的對象，妳是不是真的清楚他每

一項表現背後的真實動機呢？

他對妳的態度是否平淡？有沒有同時與別的女孩往來？你們是不是每星期只聯絡一次，但妳卻死心眼的認定他是託付終身的對象？

又或者，妳心裡會不會以為他暴躁的脾氣、豪賭甚至吸毒都算不上什麼嚴重的行為？

如果以上這一長串的疑問，妳幾乎沒有辦法清楚的反駁或回答，那麼勸妳還是好好思考一下，這段關係是否有繼續存在的必要吧！

另外，要注意初次約會時，穿著打扮幾乎是對方評價妳的第一個標準。妳應該表現的是自信，大方得體很重要；更何況，吸引力並不見得一定要與性感畫上等號。

很多女人為了表現出自己最好的一面，往往會把自己弄得濃妝艷抹。但實際上，自然一點的裝扮還是比濃艷理想多了。只要簡單的淡妝，就足以突出妳的魅力，不需要把自己打扮得太過誇張。

在初次約會的過程中，妳可能會感到心情緊張，因而話變得很少。但是他的感受也許跟妳差不多。

妳的反應不妨熱烈一點，不要讓他一人自問自答。

雙方陷入沉默的時候，一些無關痛癢的問題，例如：「你覺得這裡的食物如何？」或「你的工作是在做些什麼？」這些問題有助於打破沉默的僵局，讓你們相處的氣氛更融洽。

別忘了，如果妳真的希望下一次還可以跟對方約會，就不要故作冷淡，因為姿態太高、太做作的女人，往往很容易讓男人失去耐性。

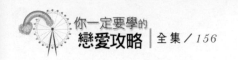

　　如果他問妳想去哪裡，那就大方的說出自己的想法，但是不要企圖掌控整個約會。妳可以問問他的意見，表現出妳的隨和，或是找一些兩人都感興趣的事情做。

　　就算對方再怎麼闊氣，頭一次約會的時候還是含蓄一點比較好。要是妳毫不客氣的點了高級排餐，還大方的告訴他妳最喜歡的禮物是鑽石，下次大概就沒有再見面的機會了。

　　總歸一句話，愛情剛開始的時候是很脆弱的，因此一舉一動都要十分謹慎、用心經營，才能確保這段感情可以繼續維持下去。

就算失去愛情，也不能失去自己

 失戀時不妨想辦法讓自己過得忙碌一點，因為忙碌可以幫助妳找回理性與控制力，使妳迅速回到正常生活的軌道。

　　失戀其實是十分常見的事，可以說人人已經司空見慣，但卻還是有人會因此而想不開，一時糊塗做出傻事。

　　讓我們假設，很不幸的，妳也面臨了這種情況，請妳一定要先找回自己的堅強，並且儘量客觀地分析原因。

　　如果問題很複雜，那妳就應該回過頭來檢視一下雙方的感情基礎如何，有無繼續下去的可能、是否值得妳留戀。理智分析是正確面對失戀的第一步。只有這樣，妳才能正確的判斷是要再接再厲，還是大聲的告訴自己「對，我確實失戀了」，然後接受這個既定的事實。

　　別忘了，想要走出失戀的陰影，就要時刻讓自己保持樂觀的生活態度。

　　其實，失戀也並不見得是件壞事，如果對方根本不是個好對象，又有什麼值得留戀的呢？既然對方沒眼光，那麼長痛還不如短痛，況且妳還可以從這次的經驗中獲得成長，看見自己的缺點，讓自己未來更完美。

　　有些人一旦失戀，就想要避開周遭所有人，自己一個人躲在角落裡。要知道，這種封閉的態度只會讓自己更鑽牛角尖而已。失戀時不妨向好友傾訴妳的難過，從友情中獲得安慰。聽聽別人善意的勸告，也可以緩解自己激動的情緒。

　　要想戰勝失戀的痛苦，除了上述幾個方法外，還要懂得轉移自己的注意力，用積極的態度戰勝消極的心態。

　　既然情場失意，那麼就化悲憤為力量，將這股精神用在職場上吧！畢竟，在這個世界上，值得在意的事情不是只有愛情而已。我們可以在工作中找到不一樣樂趣、獲得友情，並充實自己的能力。

　　英國著名的哲學家法蘭西斯‧培根說過：「你可以看到，一切真正偉大的人物——無論是古人、今人，只要是其英名永銘於人類記憶中的，沒有一個是因愛情而發狂的人，因為偉大的事業抑制了這種軟弱的感情。」

　　人在苦悶時心靈最容易孤獨，十分需要精神上的安慰。失戀會讓你的精神受到打擊，悔恨、遺憾、忿怒、惆悵、失望等情緒接踵而至，這時最需要找一個傾吐心聲的對象，以減輕心靈上的負荷。

　　妳可以把自己的煩惱和苦悶，毫無保留地向朋友傾訴；如果覺得無法用語言表達，不妨用文字的形式記錄下來，不只可以轉移情緒，還能找到新的心靈寄託。妳也可以到戶外走走，多接觸大自然，這也是一種很好的解悶方法。總之，失戀時不妨想辦法讓自己過得忙碌一點，因為忙碌可以幫助妳找回理性與控制力，使妳迅速回到正常生活的軌道。

8.

愛情不需要翻譯

愛的心意不需要翻譯，
尤其是對於青春的戀人來說，
直接大膽的公開表述，
絕對最能夠打動對方的心。

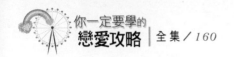

遇見愛情，就要勇敢出擊

 只要機會一出現，妳就應想該方設法將它抓住，即使遇到再大的障礙和挫折也無須害怕。

作家莫瑞曾說：「世界最長的情路，是從心裡到嘴巴。」

的確，當我們對某人產生愛意，通常都會把愛意悶在心裡，當我們對某人萌生愛意，往往想要說出口，又提不起勇氣，因為，我們都會怕萬一開口向對方告白，會讓自己的美夢從此粉碎。

問題是，如果只會將愛意悶在心底，不僅不可能知道自己心儀的對象是不是也一樣愛自己，甚至還會因此錯過一段可能的愛情。

愛情從古至今，牽動著千千萬萬顆純情少男的心，也令千千萬萬個花樣年華的女孩嚮往；一想到對方心裡就會萬分甜蜜，跟別人談起，就會不由自主的感到心跳加快。

當遇到自己喜歡的對象時，在一切都還沒開始的當下，我們往往會抱持著「他不一定喜歡我」的想法。但是這麼一來，卻可能會讓自己真的失去本來可能會有的機會。

你或許一開始會想，如果被拒絕了那該怎麼辦？或者覺得對方態度似乎很冷淡，自己不知道該怎麼開口。

其實，大可不必存在這些顧慮。如果總想著「如果被拒絕了怎麼辦」的問題，那麼永遠都無法得到愛情！

很明顯的，問題並不在於會不會被拒絕，而在於克服這種自卑不安的想法以及自愧不如人的心理，這才是問題的關鍵所在。

假設一個狀況，你很想約喜歡的對象出門，那麼或許會在電話旁呆坐半天，反覆做著拿起電話又放下的動作，猶豫了一個下午還是沒動靜。

事實上，只要大膽地撥通電話，事情就可以解決，從此也能掙脫那種焦急如焚的心境。因為即使遭到拒絕，那也不是什麼大不了的事情。

應該知道，這種害怕被對方拒絕引起的恐懼，往往比實際被拒絕更使自己感到難受。

而且，對方表示冷淡的原因，可能是因為已經有了交往的對象，也可能是被工作搞得忙碌煩躁，也或許對方是一個內向的人、情緒不太穩定、甚至有些矛盾……等。

因此，沒有必要將所有過失都歸結在自己身上。即使知道對方不喜歡自己，那也不需要自卑。不妨告訴自己：沒有對方，自己也一樣可以過得很好，說不定還會更好！

多用這種方式來安慰自己，穩定自己的情緒，相信在不久的未來，就能夠微笑著把一切的不如意和不愉快徹底地拋棄。

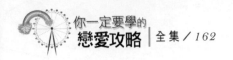

人生中難免會有被冷淡以待，甚至遭到冷落的時候。所以在現實生活中，就算是一點小小的機會，也能讓自己變得快樂無比。

這個機會，可能是身邊的任何一件事、任何一個人。只要一出現，就應想該方設法將它抓住，即使遇到再大的障礙和挫折也無須害怕。

想想，如果最終真的能找到自己的真愛，那麼眼前遇到一點阻力又有什麼關係呢？

還呆呆的處在暗戀的階段，遲遲不敢行動嗎？

不要只懂得守株待兔，不妨敞開閉塞而狹小的內心世界，讓它容納生命中更多美好的事物，否則只是在原地踏步，小心最後錯失良機，那可就後悔莫及了！

愛意不要埋在心裡

愛意不要埋在心裡，談情說愛的過程中，只要了解了對方的心理特徵，採取準確的表白方法，就能順利贏得對方的愛。

愛情是感情尋找出口的一種交流過程，想談戀愛，就必須要主動尋找機會，釋放自己心中的心意。

愛情也是一門傳達感情的藝術，想要敲開對方的心扉，獲得渴望的愛情，就不能老是打啞謎，專說一些需要翻譯的「外來語」，必須多學表白的技巧，準確而巧妙地表達自己的心。

女孩Ａ喜歡上附近醫院的一個年輕醫生，但由於平時沒有接近的機會，自然無法和他談情說愛，於是她決定想個方法接近他。

有一天，女孩雙手抱滿了東西，和迎面匆匆而來的一個人撞個滿懷，手上的東西全部散落一地。

這個人當然就是那位女孩愛慕已久醫生，只見他對自己的不小心連聲道歉，同時也幫她撿起散落的物品。

初次的計劃成功後，女孩開始每天故意選在醫院下班時間，牽著小狗到附近徘徊散步。幾天後，她又遇上了那個年輕

醫生，兩個人於是攀談起來，不久就發展成戀人的關係。

另一個女孩Ｂ，追求愛情的方式也和前面的Ａ女有著異曲同工之妙。

某天，Ｂ女發現自己心儀的男人有晨跑的習慣，於是也開始強迫自己每天早起到附近慢跑。

一次，她跑到男人面前，主動而友好地和他打招呼，卻突然失去平衡摔倒，碰破了膝蓋，男人於是把她帶回住處，並細心地為她敷藥。

她雖然受傷了，卻得到和他接近的機會，不久後兩人就在一起了。

妳或許質疑，Ａ女和Ｂ女是不是有些不擇手段？

事實上，男未婚女未嫁，如果可以因此促成一段美好的愛，用點無傷大雅的心機又有何妨？重要的是她們都成功了，不是嗎？

現在已經是二十一世紀了，女人當然可以用各種方式積極追求異性。

覺得這樣做似乎不夠含蓄？事實上，太過拐彎抹角、遮遮掩掩，只會讓妳錯失表達愛意的良機。

要知道，愛情並不需要太多矯飾與藉口，愛就愛，不愛就不愛，讓愛意不需要經過繁複難懂的演繹，才是最符合潮流的新愛情觀。

許多人雖然已經和心儀的對象「戀愛」了很長時間，但彼此之間的交往卻完全停留在「朋友」或「暗戀」階段，如果不活用一些傳達愛意的招式，這段感情就只能原地踏步。

　　表達愛情需要旁敲側擊，更需要重點攻擊，長時間的曖昧與壓抑，只會讓妳因為單相思而痛苦。

　　愛意不要埋在心裡，談情說愛的過程中，只要了解了對方的心理特徵，採取準確的表白方法，就能順利贏得對方的愛。

　　渴望愛情是人的本性，當心儀的對象就在面前，該如何傳達自己的心意，也讀懂對方的內心呢？談情說愛的過程中，又該如何與對方良性互動呢？

　　愛情需要培養，更需要相互了解。能與交往對象快樂地交心，明瞭彼此的心意，才是愛情開花結果的前提。

　　還在玩曖昧的愛情心理遊戲？建議妳，直接出擊或許才是求愛的最佳模式。

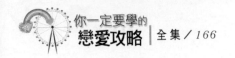

表達得宜，才能培養好默契

 表達得宜，能讓對方更能了解妳，兩人之間要培養出讓心意不必翻譯的親密默契，也就更容易了。

　　怎樣使兩人彼此可以在相互接觸時，將豐富的思想、複雜的情懷、微妙的心聲傳遞給對方，無疑是戀愛中最重要的一部分。

　　交談是人與人之間傳遞思想、交流情感的最基本的方式。如果不善言辭，那麼不只是愛情發展可能遇到障礙，在工作、人際……等各方面，同樣也會窒礙難行。尤其是戀人間的第一次交談，必須要有十足的感染力。

　　許多男女的交往，是由於對彼此一見鍾情，當兩人真正步入交往階段談起戀愛，最常見的表達通常是：我好像被你深深吸引住了；我也許已經愛上你了、你是唯一吸引我的人……

　　如果你們兩人都是性格內向且不善言語的類型，在第一次約會的時候，還是應該要試著克制心裡的忐忑不安，用不著羞澀，更不應該木訥寡言，吞吞吐吐，而是要落落大方，主動交談。

　　你們可以談天氣、談周圍環境、談所見所聞，然後將話題

慢慢拉近自身，談年齡、談工作、談性格嗜好、談家庭狀況……等。

對於原則性的問題，可以說得更清楚一些，有利於雙方的了解，以免將來產生誤會。

對於心情的流露、情感的表白，則可以含蓄委婉一點，這畢竟是「第一次」，稍有保留，或許對於往後的相處可以製造更多神秘感。值得注意的是，所選擇的話題必須以適合對方理解、接受的原則為基礎。

第一次與戀人交談，並沒有固定模式或步驟。因為人的性情不同，教育程度不同，氣質不同，職業不同，愛好與追求也各不相同，所以表達方式、言談內容自然也會隨之改變。

但是，根據人的幾項共同特性，我們還是可以大略列出一個大原則。首先，對於理想，要盡量談得遠大、實際一點；感情的流露要豐富、真誠一點，表現出妳的誠懇穩重。

當然，如何談好戀愛是一門學問，戀愛本身也是多種因素的總和。不過，再怎麼複雜，傾聽對於戀情的發展，無疑有著舉足輕重的影響力。

傾聽是獲得知識、明白對方感受的重要途徑，使傾聽妳說話的人有種享受的感覺，便是交談成功的秘訣。

美國作家馬克·吐溫就曾說：「給予人適當的讚揚，儘量使聆聽者愉悅快樂，是你說話的魅力所在。」

表達得宜，能讓對方更能了解妳，兩人之間要培養出讓心意不必翻譯的親密默契，也就更容易了。

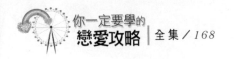

用甜言蜜語增加愛的溫度

雖說你們的心意無須翻譯就能讓對方了解，
但適度的甜言蜜語，卻也可以有效為感情加
溫！

　　愛情是兩人維繫關係的礎石，一般說來，在一起很久的情
侶，彼此的心多半也不需要經過多餘的猜測與翻譯。但即便如
此，充滿愛意的甜言蜜語言，依舊還是男女之間不可缺少的潤
滑劑。

　　充滿愛意的語言，是真愛的最佳體現。距離熱戀時期已經
很遙遠的情侶，愛語雖不如熱戀時那樣濃烈，卻有如美酒般甘
甜醇美。

　　當轟轟烈烈的愛情歸於平淡，兩人之間雖然不必再把「我
愛你」之類的話整天掛在嘴邊，但也沒有必要把這些話束之高
閣。

　　在某些時刻，一句深情的「我愛你」，可以勾起對方的美
好回憶，在彼此的心中激起漣漪，這對於加深感情是大有益處
的。

　　有一對情侶，彼此工作都很忙，平時交談的機會不多。可

是，每逢晚上下班回家或假日的時候，總是會一起看電視，看到電視劇中的戀愛情節，就會回憶起熱戀的時光，說些過去甜蜜的經歷。每逢對方生日或者共同紀念日，還舉行一些小活動，以此加深彼此的感情。

在一起很久的情人之間，直抒愛意並不是多餘的，甜言蜜語可以為平淡的生活激起一些熱情。

但現實生活中卻有許多人忽略了這一點，因而日子變得平淡無奇，少了激情，甚至讓感情出現危機。

其實，有時候，一句「我愛你」，分別時候的一句「我想你」，對雙方來說可能只是舉「口」之勞，作用卻是彼此備感溫馨。所以，千萬不要吝惜甜言蜜語，它會使你們之間的愛情更甜蜜。

有些人天生幽默，喜歡一回家就告訴對方自己今天遇到了什麼趣事，在忙碌的生活中用幽默調節心情，緩解生活的重擔，分擔對方的痛苦，這就是一種愛的表現。

當然，充滿愛意的語言並不一定都得有個愛字，關切、關懷、支援、祝福之類的話語，也是對方樂意聽到的。

就算平時工作再忙，對對方的關心相對少了許多，但還是一定要記得在對方生日時送上一份禮物或一束鮮花，附張卡片，藉機說些真誠而動聽的內心話，以表達對他的支持和祝福之意，相信對方心裡一定會十分感動。

關係再穩定，有時也需要情話的滋潤。雖說你們的心意無須翻譯就能讓對方了解，但適度的甜言蜜語，卻也可以有效為感情加溫！

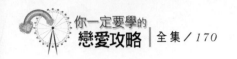

用心就能明白表達妳的心

只要用點心思，不必透過言語，一樣能將愛意表達的淋漓盡致。比起大聲疾呼「我愛你」，還更多了一分甜蜜與浪漫。

如果你不敢開口談戀愛，只讓愛意埋在心底，不僅無法知道自己心儀的對象是不是也一樣愛自己，還會錯過一段可能的愛情。

要如何讓自己的心意，可以不必透過累贅的言語就讓對方知曉？還是讓馬克思親身的經歷來告訴你吧！

那是一個美麗的下午，在一條幽長的小路上，馬克思和燕妮並肩在小路上散步，晚霞把馬克思的臉頰照得紅通通的，同時也將燕妮的頭髮照得金光燦燦，十分動人。

在這樣富有詩意的情境中，馬克思突然中斷正在討論的黑格爾哲學，像是想起了一件事似的，深情地看著燕妮的臉龐，緩慢而堅定地對她說：「告訴妳一個好消息。」

「什麼好消息？」燕妮的臉上寫滿了驚喜和興奮，像是早已知道答案。

「我有了一位心上人。」馬克思彷彿沒有看懂她臉上的變

化，此時的燕妮，笑容突然僵在蒼白的臉上。

「什麼？她，她是誰？」燕妮顯得有些語無倫次，因為這實在太出乎她的意料之外了。

「嗯，妳或許也認識她呢。」馬克思神秘地朝燕妮笑了笑，並遞給她一個精緻的盒子：「這就是她的相片。」

馬克思不經意地把這個小盒子遞給燕妮，然後彬彬有禮地找了個藉口，與燕妮暫時分開。

燕妮迫不及待地打開盒子，想弄清楚到底馬克思愛上了誰。

可是，當她打開這個小盒子，臉馬上紅了起來。因為盒子裡什麼也沒有，只有一個圓圓的小鏡子，映出燕妮緋紅的臉龐。

燕妮笑了，從此，便與馬克思一起走上人生的旅程。

看完這個意味深長的經典愛情故事，你是否從中得到了一點啟發？

很多時候，談情說愛可以不必透過直白的言語敘述，只要多用一點點心思，就能將愛意表達得淋漓盡致，比起大聲疾呼「我愛你」，還更多了一分動人心弦的甜蜜與浪漫。

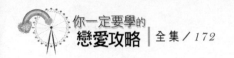

愛不需要通關密語

> 愛情，不需要設下太多通關密語等著對方翻譯，多多溝通，明明白白說出妳的心意，才能讓他真正了解妳。

什麼叫愛情？

愛情就是愛人相互之間的溝通、需要和理解。一句輕聲細語的悄悄話，就能產生巨大的力量，撫慰雙方的心靈。

要贏得對方的愛情，就必須找到通向對方心靈的管道。

一個女孩趁著放假時，前往探望在外地當兵的男友。

來之前，她想了很多很多，她要痛痛快快對他訴苦，告訴他自己為了準備考試早晚不得休息，與朋友之間又是發生了多少不愉快，家人對她又是如何的不了解……

就這樣，她裝了一肚子煩惱、委屈和不平來到島上的軍營。

當男友帶著一身汗，領她走進會客室時，便迫不及待在她的耳邊輕聲細語地說：「見不到妳，我寂寞得不得了。」

一句話說得她忍不住鼻酸，含淚的眼裡閃爍著幸福甜蜜的光亮。

沒有比這句話更令她高興的了，她希望聽到的就是這個，就是聽他親口說出自己在他心中的位置。

知道男友想她愛她，不能沒有她，她那一肚子煩惱、委屈和不平瞬間煙消雲散，留在心裡的只有甜蜜、快樂和幸福。

經常見到許多關係穩定平緩的情侶，都想得到對方的關注，卻不懂得如何才能得到對方更多的愛，進而導致互相埋怨，彼此冷漠以對，愛情之泉也逐漸枯竭。

事實上，如果妳渴望對方更關注自己，就不要只是埋怨，只是等待，而是要打開溝通雙方心靈的秘密通道，創造一段幸福的關係，讓愛情生活更充滿樂趣與甜蜜。

想要維繫好一段愛情，更是不必考慮太多，而是要主動勇敢地表達出心中的真實想法。

許多情人雖已經交往了很長一段時間，但彼此之間的了解卻只限於朋友階段，如果不能打破藩籬，經常主動而直接的表達自己的愛意，感情就只能繼續在原地踏步了。

愛情，不需要設下太多通關密語等著對方翻譯，多多溝通，明明白白說出妳的心意，才能讓他真正了解妳。

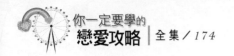
愛情不需要翻譯

愛的心意不需要翻譯，尤其是對於青春的戀人來說，直接大膽的公開表述，絕對最能夠打動對方的心。

女友：「你現在在做什麼？」

男友：「打電話給妳啊！」

女友：「我知道。那你想不想我？」

男友：「當然想，每天都想！」

女友：「騙人！」

男友：「沒有啊，我真的很想妳！」

女友：「其實我也想你。」

男友：「沒關係，我馬上就回去了，不要太想我，注意身體！」

女友：「嗯，你也是！」

有句話說「小別勝新婚」，熱戀中的情侶感情往往十分單純、火熱，經歷了小小的分別，再度重逢，所有的關懷和問候都化成了甜言蜜語。

這時候，再怎樣直接的表達也不為過。

　　妳可以說：「你眞的回來了，我不是在做夢吧，如果是做夢，我寧願永遠也醒不過來。」

　　妳也可以擁著情人，溫柔地對他說：「跟你在一起的感覺眞好，我們再也不要分開了。」

　　這種久別重逢的感覺，恐怕是只有經歷過的人才能體會得到。此時，再肉麻，再露骨、大膽的情話都不必怕害羞，絕不會讓對方覺得厭煩，也許，他還會認爲不夠呢！

　　另外，在大庭廣眾之下說些適當的甜言蜜語，也會使他備感窩心。

　　別以爲只有女人愛面子，希望男友當眾表達自己的愛，恨不得全天下的人都知道對方重視自己，男人對於愛情，其實也有一樣的虛榮心。

　　他也渴望被人矚目，讓大家知道自己有個愛他的女友，而且對方願意爲他做許多事。因此在適當的時機，大方向他表白自己的愛，一定能夠有效爲愛情增溫。

　　要知道，愛的心意不需要翻譯，尤其是對於正值青春的戀人來說，直接大膽的公開表述，絕對最能夠打動對方的心。

拒絕不能有所猶豫

表達愛意必須直接，拒絕別人同樣也不能有
所猶豫。如果真的無心，就千萬別讓拒絕的
言詞有被錯誤演繹的空間。

　　甜蜜的愛情總讓人心醉神迷，流連忘返。但是在現實生活
中並不見得總是有緣就能相聚，當他的追求對妳而言，只是落
花有意流水無情，此時又該如何回絕呢？

　　首先，別忘了一件事，語言是表達愛情最好的方式，同時
也是拒絕之時最清楚、直接的方式。

　　對方向妳表露心跡，這種真摯熾熱的情感是聖潔美好的，
如果妳無法回應對方的愛，就應該用友善誠懇的態度，明白告
訴他，讓對方知難而退。

　　《簡愛》裡就曾經提及，女主角簡愛有次遭遇表哥聖約翰
向她求愛，儘管他曾經救過她的命，孤單的簡愛也確實需要依
靠，但她卻明白友情不等於愛情的道理。

　　於是她明白地對約翰說：「我可以答應成為你的傳教夥伴
和你一起走，但我不能嫁給你。」

　　長痛不如短痛，明白表示自己無意，對對方其實是最好的，讓他早點死心，就能早點另覓幸福。

　　如果真的說不出口，那不妨善用生活周遭的一些特有的事物開啓話題。只要記得儘量婉轉、謙遜即可。

　　與他第一次約會後，女孩就婉言提出不再見面的想法。沒想到，第二天男方竟找到女孩的公司，再次提出邀約。

　　「我現在正在忙，實在抽不開身，對不起，你請回吧！」

　　下班後，女孩發現方還待在公司門口，於是買了個泡泡糖給他，寒暄幾句後便匆匆告辭。

　　這個舉動讓男人猛然醒悟，知道女孩是藉著泡泡糖易破，來否定自己一廂情願的愛。

　　表達愛意必須直接，拒絕別人同樣也不能有所猶豫。

　　如果真的無心，就要清楚告訴對方自己的想法，千萬別讓拒絕的言詞有被錯誤演繹的空間。

　　要知道，一廂情願容易讓人看不清事實的真相，要是妳的態度看來又是那麼模稜兩可，只會增加對方想歪的機會，也徒增妳的困擾。

9.

用心就能讀懂他的心

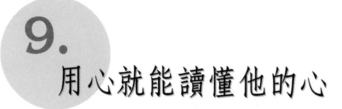

要看穿情人的心意，
不必透過太多翻譯，
只要夠細心體貼，
自然就可以明白對方的心。

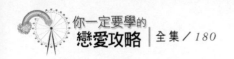

別讓他猜測妳的心

別再掩飾自己的心了，大膽將妳的愛表達出來吧！唯有化被動為主動，妳的情意才能直接了當地傳遞。

從友情發展到愛情，只有一步之遙。

然而，要跨越這一步，往往十分艱難。

如果妳也面臨同樣的窘境，不妨參考一下以下的方式。

例如，當雙方都不好意思啟齒說出「我愛你」三個字時，妳可以試著借助旁人的力量。

小光與女友交往了兩年，感情很好，但誰也沒有提起過個結婚的事。有一天女友收到小光寄來的一封信，打開來看之後，她頓時楞住了。

這封信是小光的父親寫給小光的，信上說：「你已經三十多歲了，既然和某人相識了兩年，彼此都很了解，如果她也同意，那就訂婚吧！」

女友看完了信，臉上直發熱，心裡砰砰跳個不停。

不用問也知道，信中所講的「某人」不就是指自己嗎？經過反覆考慮後，終於同意與他結婚。

如果妳喜歡對方，但還不知道他是否也對自己有意時，可以用點技巧試探對方的心意。

波蘭科學家居禮和妻子瑪麗亞婚前長期在同一個實驗室裡工作，十分為瑪麗亞的才華傾倒。

這一天，當他聽到瑪麗亞即將要回到波蘭時，心裡十分著急，急切地問道：「十一月的時候妳會回來嗎？答應我，妳會回來！留在波蘭就不能繼續研究了，現在的妳沒有權利拋棄科學！」

瑪麗亞立刻明白，居禮所說的「妳沒有權利拋棄科學」，事實上說的是「妳沒有權利拋棄我」。

於是她看著居禮，遲疑地回答：「我相信你的話是對的，我很願意再回來！」後來，兩個人終於結為夫妻。

當妳愛上對方並深知他也愛著自己，可別因為羞澀而白白放棄了許多表白的機會，不妨找一個熱情而又浪漫的告白方式表達妳的愛。

愛情不必遮遮掩掩，既然愛，更不能只是含蓄等待對方主動回過頭來破譯妳眼神的含意。

愛一個人除了需要旁敲側擊他的心意，更需要適時主動出招；一味壓抑，最終只會讓妳錯失愛的良機。

別再掩飾自己的心了，大膽將妳的愛表達出來吧，唯有化被動為主動，妳的情意才能直接了當地傳遞給他知道。

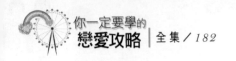

解讀他的愛情密碼

如果妳正處於暗戀或感情曖昧的階段，懂不懂得解讀對方話語中隱含的密碼絕對是相當重要的。

愛情需要培養，更需要勇敢地開口「談」。

男人女人都需要懂得談戀愛的技巧，能與交往對象快樂地交心，明瞭彼此的心意，才是愛情開花結果的前提。

男女對象預先約定的相會叫約會，會面之後圍繞著「愛」的話題相互交談叫談戀愛；戀愛談得順利，雙方就建立了愛情。

由此可見，言語在愛情中佔有極為重要的地位。

所謂的約會，就是給彼此傳達心意的機會，說話的時候當然要溫柔體貼，不要動不動就擺臭臉。

假使對方約會時遲到了幾分鐘，另一方選擇用輕鬆的口吻揶揄：「哎呀！你這麼快就來了，我剛才還買了一份報紙呢！」這麼一來，對方就不會有心理負擔，兩人約會自然可以愉快進行。

相反的，假如等待的一方嚴肅地責備：「你這人怎麼不守時？竟然讓我苦等了二十分鐘，早知道這樣，就不跟你約會了。」

這麼做顯然不夠聰明，因為這種話會使對方心情沉重，進而影響你們今天的約會，使它一開始就處於不愉快的氣氛中。其實，對方既然赴約，自然希望能夠相處愉快，大可不必為了區區小事而浪費了大好時光，又讓人覺得妳太小家子氣。

所以，假如對方遲到了許久，那麼妳不妨打哈哈：「早知道你會遲到，我就帶毛線來這裡打，在你來之前，說不定就能打好一雙手套。」

像這種幽默的抗議方式，絕對可以讓對方愉快地虛心接受。

假如對方厚臉皮地接著打趣：「對不起！那請問一下，打一件毛衣要多少時間呢？」妳這時就可以撒嬌地對男友說：「你真是壞死了！」當天的約會就會在一陣歡笑中開始。

一般說來，愛責備男人的女性，會使男人退避三舍，還不如試著溫柔地諒解對方，用另外一種方式暗示他，若是他可以明白妳的意思，自然不好意思再遲到。當然，遲到終究不是好事情，在適當的場合提醒對方加強時間觀念也是必要的。

說到暗示，如果互有愛意的兩人，不能明白對方話裡暗藏的意思，往往很容易因此錯過一段緣分。

不信的話，妳可以看看以下的例子。

從前有個年輕人去相親，父母左叮嚀右囑咐：「人家問你什麼，你要謙虛一點，不要誇耀自己，千萬別傷女孩子的自尊心。」

年輕人連連點頭。到了女方家，女孩見他人十分老實，便半開玩笑地與他主動攀談起來：「你是不是走錯地方了？這麼多好女孩你不去找，偏偏到我這裡來？」

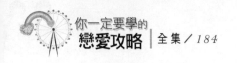

年輕人想起了父母的教誨，於是趕緊說：「怎麼會錯，妳看我這樣子，好女孩怎麼看得上我！」

女方一聽，頓時氣得把頭扭到一邊去，兩人不歡而散。

妳看，能不能了解對方話裡的含意，竟然有這麼重要，幾乎關係到往後兩個人愛情的發展。

所以，如果妳正處於暗戀或感情曖昧的階段，懂不懂得解讀對方話語中隱含的密碼絕對是相當重要的；如果你們已經交往了一段時間，更是要知道如何從對方的一言一行中看出對方的心思。唯有成功破譯戀人的愛情密碼，感情才會進展順利。

猜心，也要懂得表達自己的心

急著破解對方一言一行所代表的意義同時，可別忽略了如何明白表達自己的心意，又不至於太過直白的戀愛學問！

當兩個人在一起，如何破譯對方的愛情密碼固然重要，但如何表達自己，讓對方不至於誤解，甚至更能明白妳的心意也同樣重要。如果妳善於說些借題發揮的應景話，就能夠增進相互間的情感昇華。

例如約會之時，當男友把包包忘在餐廳，滿懷歉意地要求妳陪他回頭尋找，妳不妨可以對他說：「東西忘了沒關係，沒有把我忘了就好。」

男友心中一定會認為，妳真是個可愛的女朋友，談笑之際，兩人的關係更添了一層親密。

在公園黑暗的角落裡，有個年輕人想吻女朋友，誰知，女朋友卻一把推開他的手說：「不行，在結婚之前，我們不能這樣做！」

「那麼，請妳結婚之後再通知我。」

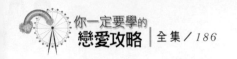

這顯然是錯誤的應對方式，只會讓兩人不歡而散。

什麼時候說什麼話，藉出現的事物與環境吐露心聲，我們稱作應景話。在戀愛中，適切表達愛慕的應景話能使雙方關係發生微妙的變化。

有一位年輕女孩下班後到未婚夫家，要他陪自己一起去拜訪一位同事。

由於天晚，又下著雨，未婚夫不願意去，於是女孩一賭氣之下，撐著傘獨自走了。這時，年輕人才開始後悔，連忙驅車追了上去。

女孩見他追上來，扔出一句：「你來做什麼？」

小伙子詼諧說道：「妳可別忘了，我們曾說過要風雨同舟，今天妳怎麼能一個人『下雨逃走』呢？所以我追來了。」

就這樣，光憑幾句話，就化解了一項可能出現的紛爭。

一對情人坐在公園裡的長椅上。

女的對男的說：「等你買了車子，我們就可以結婚了。我最愛你，親愛的。你呢？」

「我也愛妳。不過，我現在更愛車子！」女的一聽，臉一下子拉了下來。男的連忙拉住她的手說：「妳別生氣，假如我不愛車子，再怎麼愛妳也沒有用呀！」

像這樣巧妙卻又不裝腔作勢的幽默，就算男的荷包再怎麼不好看，女朋友也可以用更輕鬆的心情體諒他阮囊羞澀的窘境。

談戀愛永遠與觀察對方、表達自己脫離不了關係，在妳急著想要破解對方一言一行所代表的意義時，可別忽略了如何明白表達自己的心意，又不至於太過直白的戀愛學問！

用心就能讀懂他的心

要看穿情人的心意，不必透過太多翻譯，只要夠細心體貼，自然就可以明白對方的心。

一個人如果想讓人第一眼就覺得美，一種可能是天生麗質，另一種方式則是透過言談舉止使自己變得可愛。

據說，軍閥馮玉祥公開徵求第二任妻子的時候，對眾多參加徵選的女孩提出了一個問題：為什麼要嫁給我？

後來成為他妻子的李德全是這樣回答的：「上帝派我來監督你。」

就是這句真誠而又巧妙的答案，讓馮玉祥決定娶她為妻。

當時軍閥混戰烽煙四起，民不聊生，對於一個統率部隊的將軍來說，能不能多為民眾做事是一個嚴峻的考驗。

在這種形勢下，那些「想做官太太」的女人正是馮玉祥鄙視的。而李德全的回答，既符合當時的特定環境，又吻合對方的心理，自己的感情也自然表露出來，巧妙地達到縮短雙方距離的目的。

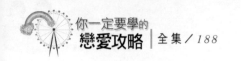

　　李德全長得很平凡，但她透過言談，使自己的形象變得不平凡，而且可愛了起來，由此可見說話的重要。

　　亞列克今年三十二歲，既有才華又有事業心，長相英俊，舉止文雅，在情場上卻連連失敗，問題就出在「話不投機」。

　　剛開始，他碰到一位溫柔漂亮、楚楚動人的女孩，才一見面他就唧唧呱呱，饒舌不停，當他提到「妳會做菜嗎」這個問題時，氣氛急轉直下，隨後不歡而散。

　　第二次經人介紹，他又與一位年輕俏麗的秘書約會。由於總結出上次的經驗教訓，這回他決定裝出一副涵養十足的派頭，兩人在街上走來走去，但卻不說一句話，以示沉穩，女孩卻以為他是個呆頭鵝，「拜拜」兩聲便宣告約會結束。

　　有人說人生是一首奇妙的變奏曲，愛情是其中最令人迷戀的交響樂。的確，生活需要愛情，戀人之間要表達愛情就得靠語言，所謂「談情」，就是這個意思。不過，談情說愛除了需要口才，更需要擁有敏銳的觀察力，才能正確判斷對方的心思，做出適當的反應。

　　許多年輕人喜歡用狂熱的語言、露骨的方式向戀人表達自己的愛情，缺乏寧靜的含蓄之美，結果往往引起對方的反感，最終還是分手了。

　　有一位長相清秀的女孩，選擇對象時總是有著極高的標準，因此遲遲沒遇到合意的對象。

　　一晃眼，女孩年紀越來越大。這年，她終於認識了一個個子高高、風度翩翩的年輕人。

　　女孩很高興，唯恐失去他，便直率地表達出自己對對方的愛慕之情，要求對方和自己結婚。

　　結局可以想見，男人認定女孩一定是有什麼不可告人的隱私，才這麼急著結婚，於是逐漸和她疏遠了。

　　用心，才能讀懂對方的心。雖然女孩的表達方式有待商榷，男人卻也有不夠體貼對方，不夠了解對方的問題，否則應該可以體會對女人而言，的確有著適婚年齡的壓力。

　　談情說愛的時候，表達的一方必須掌握對方的性格，才能做出最容易使對方接受的表達；而聽的一方也必須充分理解對方的心境轉折，這才是最佳的雙向溝通模式。

　　要看穿情人的心意，不必透過太多翻譯，只要夠細心體貼，自然就可以明白對方的心。如果在妳的感情人生當中，有幸擁有全然了解自己的另一半，也可說是再難得不過的幸運了。

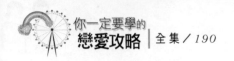
破解甜言蜜語背後的陷阱

多點理智，少點衝動，自然就能洞悉愛情陷
阱，看穿男人甜言蜜語背後的詭計！

　　就算妳的戀愛對象長得再好看、再紳士，光有外表，所帶
來的也只是一時的賞心悅目；只有為人正直的男人，才能夠帶
給妳一輩子的幸福。

　　愛情要達到完美境界，必須考慮到裡裡外外各方面的條件，
包含對事情的思考邏輯與價值觀。

　　人格特質對愛情而言到底有多重要？

　　試想，假如妳和他在本質上是完全相反的兩個人，沒有共
同的興趣，沒有共同的話題，沒有共同的價值觀，那麼相處上
必定會產生困難。這就是人格特質影響愛情最常見的一個例子。

　　當然，人格特質並不只包含個性，還包含一個人的人品。
最重要的，就是他到底是不是個心懷不軌，滿口謊言的愛情騙
子。

　　愛情騙子往往難以預防，因為真話和謊話都是在說話，當
下通常難以識別，他們最常使用的，經常也就是美麗動人的謊
話和心理戰術。

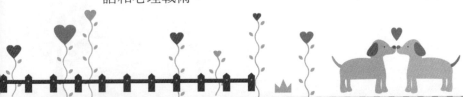

　　所以，隨時細心判別對方言談話語的真假，可說是防範感情上當受騙最重要的一環。

　　在實際生活中，愛情騙子的說話方式和內容多種多樣，他們可能會故意迎合對方，尋求共同話題，以達到自己的目的。

　　愛情騙子也很常利用單身女性渴望婚姻的心理，故意編造一些動聽的謊言讓人輕易上當。

　　一名三十五歲的女性高階主管十分渴望婚姻。經過介紹，跟一名男子見面相親。男人編造了許多謊言，為的就是貪圖女方身家，由於求婚心切，女人深信不疑，匆忙之下便結婚了。

　　這段婚姻痛苦地維持了五年，直到男人又犯下其他罪行被捕，女人才從惡夢中解脫出來。

　　許多愛情騙子也會抓住人的好奇心理，故作姿態，伺機攫取獵物。

　　卡琳每天都要到公園運動。一天，在她回家路旁的小徑深處傳來小提琴聲。一曲終了，一名年輕人一手拿著琴，一手在本子上寫寫畫畫。一天，二天，三天……。

　　這天，女孩終於好奇地走近年輕人。年輕人轉過身來，彬彬有禮地問：「妳好，請問有筆嗎？」

　　卡琳點點頭，借給他時，瞟見他胸前掛著某大學的學生證。

　　後來，她知道他叫丹尼爾，是個大四學生，學的是理科，喜歡音樂，有空也會寫寫詩。

　　他在談論自己時語氣都平平淡淡的。這正中卡琳心意，

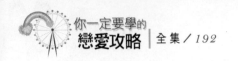

因為她最討厭那種華而不實、誇誇其談的年輕人，她相信了丹尼爾的「平平淡淡」。

兩周後，卡琳得意地告訴父母：「他話不多，很有男人氣概……」甚至請丹尼爾到家裡做客。

幾個月後，卡琳未婚懷孕，隨即丹尼爾便因為「工作」關係遠赴外地，從此沒有音訊。最後，日夜期盼的卡琳只等到警方要求她協助犯罪活動的調查，原來丹尼爾不過是個逃犯而已。

所以，聰明的妳，在踏進愛情之前，可得要張大眼睛看清楚了，多點理智，少點衝動，自然就能洞悉男人刻意建構的愛情陷阱，破解男人甜言蜜語背後的詭計！

肢體語言，也可以成為愛的語言

如果妳夠了解他，甚至對他一個眼神，一個挑眉所代表的意義都能充分掌握，自然就能找出最合適彼此的相處模式。

如何依據對方的反應及當下的情況說出「對的話」，在任何場合都有著重要作用。在愛情中，拿捏何者該說、何者不該說，或何時該者適可而止，更關係到這段感情的成敗。

新婚之夜，客人散去之後，新娘見新郎遲遲沒有動作，開口說了一句話：「你知道我現在想什麼？」

「想什麼呢？」

「想我的前男友，他總是想跟我……」

話沒說完，新郎的臉色已經變了。

這是一句最蠢的實話，想要暗示卻不懂得說話技巧，絲毫不顧慮當下的氣氛與對方的心情，說出來的後果可想而知。

其實，這種時候什麼話都不必說，只要透過眼神和肢體動作，對方就知道妳想要什麼。

幽默風趣的口才也能為愛情帶來和諧，這也是人所共知的。

　　古希臘哲學家蘇格拉底非常幽默，但他的妻子卻是出了名的潑婦。

　　一次，蘇格拉底在家裡與客人聊天，妻子卻為了一點小事大吵大鬧，還當著客人的面，將半盆水灑在蘇格拉底身上。客人都以為，這下子好脾氣的蘇格拉底要大發脾氣了。

　　可是，蘇格拉底卻出人意料地笑著說：「我就知道，打雷過後，必有大雨。」幾句風趣的言語，打破了主客雙方都陷入的尷尬局面，又使妻子轉怒為笑，緩解了夫妻間的緊張關係和不愉快。

　　事實上，正是因為蘇格拉底太了解妻子的脾氣，才懂得要用這種應幽默的方式來化解紛爭。

　　肢體語言也可以成為愛的語言，如果妳夠了解另一半的思考邏輯，甚至對於他一個眼神，一個挑眉所代表的意義都能充分掌握，那麼自然就能找出最合適彼此的相處模式，讓感情能在和諧中順利發展。

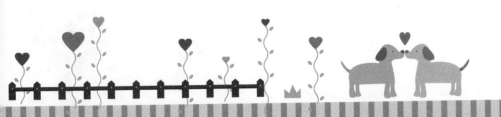

示愛也要察言觀色

示愛的同時，也別忘了仔細觀察對方的反應，才能知道對方是不是也同樣對妳有意，或者一切只是妳自作多情！

在埃及，公開追求女孩被認為是不道德的。法赫米看上了鄰居穆罕默德·雷德萬的女兒瑪麗亞，卻不敢公開表露自己的心聲。

瑪麗亞家的陽台和法赫米家的陽台相連在一起，中間只有一堵圍牆。兩家人站在自己的陽台上就能把對方陽台上的一切看個一清二楚。

一天早晨，法赫米又帶著弟弟凱勒到陽台上看書。其實他是以教凱勒認字為幌子，想藉機看看瑪麗亞。他覺得多看她一眼也是一種快樂。他們來到陽台上不久，瑪麗亞也來到陽台晾早晨剛洗過的衣服。

法赫米見瑪麗亞出來了，便偷偷注意著她的動靜，不一會兒就與女孩的眼睛相對，心中不禁撲撲直跳。法赫米還注意到，瑪麗亞晾衣服的速度很慢，就像是故意拖延時間一樣。

法赫米呆呆地看著對方，但又不知該如何表示自己的愛慕之情。

　　弟弟見哥哥有些不對勁的樣子，忍不住大聲問道：「你要我認的字我會了，快考考我呀！」

　　弟弟的聲音使法赫米回過神來，突然間他靈機一動，想起一個既能表達自己的感情，又可試探瑪麗亞對自己態度的妙法。

　　於是法赫米拿起書，故意大聲地向弟弟唸道：「心？」弟弟邊唸邊寫，法赫米卻在女孩的臉上尋找反應。接著他又大聲唸：「愛？」

　　「還沒有學這個字。」弟弟慌忙反駁。

　　「這個字我已經教了你好幾遍，你就是記不住！」法赫米微笑著說。

　　弟弟緊皺眉頭努力地想，什麼時候學過這字？可是，哥哥又繼續提高嗓門唸道：「結婚……」

　　此時，法赫米看到女孩的臉上泛起紅雲。他終於把自己的愛意傳遞給瑪麗亞，心中感到無比的快樂和輕鬆。

　　這時瑪麗亞一步步朝圍牆邊走來。看著瑪麗亞離自己越來越近，法赫米感覺心跳越來越快，他心裡一邊想著，得趕緊告訴母親，請她到瑪麗亞家幫他求婚才行。

　　妳是不是也有類似的煩惱呢？面對著心愛的那人，卻又不能大膽表白愛意，甚至，也不知道對方的心意如何？

　　不妨試試上面這招旁敲側擊的暗示法吧，既可以表明心中的感情，還能避免可能給雙方帶來的尷尬。

　　不過，在示愛的同時，也別忘了仔細觀察對方的反應，才能知道對方是不是也同樣對妳有意，或者一切只是妳自作多情！

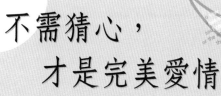

10.

不需猜心，
才是完美愛情

唯有以誠懇的態度面對，
兩人才能創造出真正互信、互知，
無須猜心的完美關係。

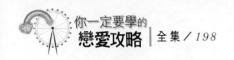

別為了面子傷害感情

爭吵是一種溝通，太過計較輸贏與面子問題
只會加深感情的裂痕，對於問題的解決一點
用都沒有。

　　兩個人在一起，會發生爭吵是正常的，因為男女兩性本身
就充滿了矛盾。一對從不吵架的情侶，如果不是極為恩愛，就
是形同陌路。

　　既然有些架非吵不可，那麼，該如何把衝突減少到最低程
度呢？

　　首先，要告訴自己不要老想著要贏，只要表達心中的不滿
就夠了。也不要堅持凡事追根究柢。更不能總是翻舊帳，還要
為彼此留個台階，以免最後無法收場。

　　再者，吵架是兩個人相處不可避免的一種溝通方式，千萬
不要把外人牽扯進來，也不要用離開作為威脅。

　　彼此都要有理性的態度，也要有寬容的胸懷，還要找出一
個能夠解決衝突、走向平和的處理辦法。

　　爭吵時，儘量強迫自己將情緒冷靜下來，隨著時間的推移，
憤怒就會在心中慢慢消失。

　　當對方無理取鬧時，儘量讓自己保持豁達大度，暫且退一

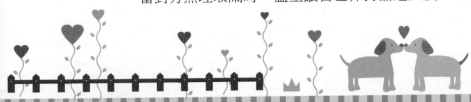

步。理智的讓步不僅對自己有好處，也能避免讓事態演變得更嚴重。

　　當對方發火時，妳要善於克制自己衝動的情緒，不要針鋒相對，說些寬慰、逗趣的話來緩和緊張的氣氛，以避免矛盾的激化。

　　兩人如果一個急躁一個溫和，也不容易發生衝突。當發生矛盾時，更不能用尖酸、刻薄、諷刺的話傷害對方，否則自己痛快了，對方卻會受到很深的傷害。為了加速感情恢復，還可以試著主動為對方多做些一事。

　　男女在一起，是不可能不出現衝突的。只要注意冷戰時間不要拖得太長，儘量主動打破僵局，不要把主動和對方說話看成是認輸就行了。

　　中國作家魯迅和妻子的感情十分親密，每次兩人鬧了彆扭，魯迅都會故意嘆口氣說：「唉，都怪我這個人個性急躁，脾氣不好。」

　　一聽到這句話，妻子便會笑著對他說：「看在你曾經是我老師的份上，我就饒了你一回！」於是，兩人就又和好如初。

　　也就是說，要是當雙方都開不了口時，妳不妨試著裝做不在意的樣子，向對方發出和解的訊息。

　　反過來說，要是妳發現對方先發出了和解的訊號，也要及時改變態度，並做出正面回應。

男人下班回到家裡，發現女人正在收拾行李。

「妳在幹什麼？」他問。

「我再也待不下去了，」女人喊道，「一年到頭老是爭吵不休，我要離開這個家！」

男人頓時呆立原地，望著對方提著皮箱甩門而去。

忽然，他衝出房間，從架上抓起一個皮箱，也衝向門外，對著正在遠去的女人喊道：「等一等，親愛的，我也待不下去了，我和妳一起走！」

原本氣憤的女人聽見男人這句既好笑又充滿歉意的話，頓時火氣全消。

要是女人不理睬男人的退讓，那麼這段關係也許真的會就此破局了。同樣的，當你們吵架時，假使妳已經感覺到對方做出的讓步，那麼就別再咄咄逼人了吧！

爭吵是一種溝通，太過計較輸贏與面子問題只會加深感情的裂痕，對於問題的解決一點用都沒有。適度的退讓，適度的妥協，才是維繫兩人感情的最佳方式。

當然，如果兩人都可以設身處地為對方著想，將心比心，自然就可以減少許多不必要的矛盾產生，也能讓關係更親密。

有共識，就能建立親密的關係

 只要有共識，自然可以建立起毫無秘密，互為一體的親密關係。兩個人的心意也無需經過翻譯，就能讓對方知道。

愛情能給人帶來快樂和幸福，也會給人帶來痛苦和不幸。

根據兩性專家的研究，要想維持美滿感情關係，就要懂得拋棄過度浪漫的想法，建立正確的愛情觀。因為生活是現實平淡的，真正長久的愛，應該是緩慢燃燒，深沉而又熾熱。

真正的愛情，是雙方對於生活需求做出的種種努力。

生活中的矛盾是男女雙方共同造成的，所以不要總是指責對方。在妳能改變自己之前，更不要妄想自己能改變對方，更不要把希望僅僅寄託在對方的改變上。

另外，兩性關係雖然是極度親密的，但彼此畢竟是不同的個體，必須有自己的興趣，保留自己的秘密。

不要強迫對方總是和自己完全一樣，那樣的話，就等於複製了另一個自己，時間長了妳也會感到索然無味。

平時也要懂得適應對方，多為對方考慮。

如果總是針鋒相對，那麼誰都無法改變現狀，結果只能是兩敗俱傷，使感情變得更加緊張。

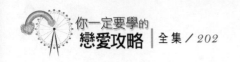

當然，兩人之間也要加強溝通，經常交換意見。

感情是談出來的，但大多數男女在一起很長一段時間之後，卻往往忽視了對話和交流。久而久之，就產生疏離感，甚至演變成同一個屋簷下，卻各過各的生活。

一旦你們可以建立起坐下來交換意見的溝通習慣，那麼所有的誤解和分歧都會迎刃而解。

兩人還要盡可能互相寬容、忍讓，不要任意發洩怨氣。

相信妳也認同，如果男人不是批評，而是讚揚妳其實並不太好的廚藝，那麼妳一定會心存感激，並暗自設法加以改進。

同樣的道理，如果妳也能改變挑剔男人的刻薄語言，男人也會努力使自己變得更完美。

小說家阿諾德‧貝內特就曾說過：「兩性之間的禮貌問題，一直是導致雙方感情破裂的重要原因。」

所以，如果妳能做到彬彬有禮，多說稱讚、褒獎的話，那麼相信對方也會不再冷言惡語。

即便是再美滿的關係，常常也帶有不安全的氣息。因為人們常常會被新奇的感覺誘惑和吸引，屈從於人類的動物本能。

為了避免一失足成千古恨，雙方應當不斷增加對彼此的關心與尊重，細心經營你們的愛情。

如果兩人的 EQ 都夠高，懂得維繫愛情的道理，就能創造出美好和諧的關係，擁有一段美滿幸福的感情。

但這是要靠雙方面共同努力的，因為愛必須建立在彼此付出，彼此依戀的前提之下。只要有了這種共識，自然可以建立起毫無秘密，互為一體的親密關係。兩個人的心意也無需再經過翻譯，就能讓對方知道。

用心付出，就能得到他的回饋

建議妳面對他時，多試著用點心觀察，相信他一定能體會到妳的體貼，並給予同樣的回饋。

　　戀愛，尤其是暗戀中的女孩，往往都希望自己的心意終有一天能被對方了解。事實上，如果妳有顆細膩體貼的心，願意用心觀察付出，想要表達愛情並得到對方回應，一點都不困難。

　　奧恩蓋特是個性格靦腆、憨厚甚至有點自卑的年輕人。在唱詩班裡，他常常受到女孩們的嘲笑，但卻有一個叫波拉・基希爾的女孩悄悄愛上了他，只是沒有機會向他表示，奧恩蓋特自己也一無所知。

　　這天，奧恩蓋特一個人在樹林裡散步時，想到自己孤孤單單獨自一人，在這種可悲的處境下生活著，內心不禁充滿了絕望和無奈。

　　這時，波拉・基希爾來了。

　　「一個人嗎？」她隨意地問。

　　見他無動於衷，也不回答，波拉再次語調平和而溫柔地問：「怎麼啦？是不是出了什麼事？」

「不」，奧恩蓋特輕聲而又傷心地說，「不，我只是想，我總是成為大家取笑的對象。」

「不至於吧？」

「真的是這樣。那群唱詩班的女孩們經常取笑我，這妳很清楚。我想我不應該參加唱詩班。」

「你如果退出，那一切都好了。」

「我可以退出，恨不得今天就退出。可是即使退出，也不是一切就解決了。」奧恩蓋特無奈地說。

「為什麼呢？」

「因為我已經成了她們嘲笑的對象，再也沒有一個人……」他用顫抖的聲音繼續說道：「因為現在再也沒有一個女孩會尊重我，並認真地看待我這個人了。」

「奧恩蓋特先生，」波拉緩慢地說：「你這樣說公平嗎？你認為，我沒有尊重你，沒有真誠待你？」

「喔，不是的。我相信妳尊重我，但並不是因為這個。」

「那麼是為了什麼呢？」

「唉，我本來不應該說這些的。可當我想到，任何一個人的遭遇都比我好，我就忍不住感到難過。我到底也是個人，不是嗎？可是，有哪個女孩願意和我交朋友呢？」

在經過一段時間的沉默後，波拉又開口了：「那麼，你曾經問過任何一個女孩，她是否願意嗎？」

「不，沒有，何必多此一舉呢？我本來就知道，根本沒有一個女孩會願意跟我做朋友。」

「那麼你希望女孩們對你說：『奧恩蓋特先生，請原

諒，不過我實在渴望你跟我在一起！』是嗎？如果你這麼想，那自然不可能。」

「這我知道，」奧恩蓋特又歎了一口氣，「妳知道我指的是什麼，波拉小姐。要是我知道，真的有個女孩對我誠心誠意，而且心裡還有點喜歡我的話，那麼……」

「那麼你也許會大發慈悲，向她使個眼色，或者招招手是嗎？」她說著，猛地轉過身，滿含淚水地跑開了。

奧恩蓋特從她那突然變調的聲音、突然跑開的動作中似乎體會到一種特殊的感覺，於是連忙向波拉追去。

當他好不容易追上波拉時，兩人相對無言，忍不住緊緊地抱在一起，誰也不願鬆開。

聰明的波拉愛上了傻子奧恩蓋特實在是件麻煩事。小夥子想得到愛情，但是不懂得愛，甚至當愛降臨時還茫然不知。

事實上，如果奧恩蓋特夠細心，那麼他早早就能發現，波拉的心意其實已經明明白白表現在她的一舉一動中了。

愛情最重要的，就是要能時時破譯對方的心思，明白對方的想法。建議妳面對他時，多試著用點心觀察，相信他一定能體會到妳的體貼，並給予同樣的回饋。

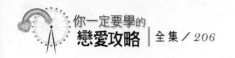

不需猜心，才是完美愛情

 唯有以誠懇的態度面對，兩人才能創造出真
正互信、互知，無須猜心的完美關係。

　　兩性之間只有相互信任、相互理解、相互尊重，關係才會
和諧發展，感情才會日益加深。

　　猜疑通常源於對對方的不信任、不理解。男女間要是出現
猜疑心，感情就會受到影響。

　　兩個人之間會產生猜疑，當然是有原因的。

　　原因，不外乎就是由於雙方缺乏必要的了解和信任。

　　也許是因為彼此一開始的時候並沒有將真正的自我全部表
現出來，久了之後，才發現彼此對另一半有許多方面並不了解。

　　如果他是豁達開朗的人，即使有點小矛盾，心裡也不會存
在芥蒂。但若是他的心眼比較小，就容易為這些事想不開，又
不願意坦白把心裡的疙瘩說出來，不安自然就此產生。

　　如果他正好是比較敏感的人，妳最好盡可能多安排時間與
對方相處，多多表示妳對他的感情，經常一塊郊遊，下廚，一
起散步……等。

　　不要吝惜妳的言詞，想到什麼就說什麼，讓他了解妳、信

任妳，把最初的猜疑打破之後，雙方就會感到輕鬆多了。

另一方面，喜歡鑽牛角尖的人也比較容易出現猜疑心，一旦他認定某件事是怎麼回事，自己就會在心中自圓其說，產生一連串的猜忌。

遇到這種情況，妳必須有耐心幫助對方打破他固執的思考模式，用誠懇的態度化解對方的疑慮。

有問題時不要迴避，一切都透明化處理，只要他對妳有了基本的信任尊重，猜忌就會自然消失。

當然，這個過程不是一朝一夕可以完成的。感情的完善本身就是一個緩慢的過程，其間，需要彼此付出辛苦和努力。

即使對方心中感到猜忌不安，妳也不要責怪他對妳不夠信任，而是要正面看待他的疑慮。

最首要的，就是態度冷靜。

從感情上而言，被對方誤解自然會感到苦惱。但是，親密的兩個人之間，沒有什麼事情是不能談的，靜下心來面對這些問題，總比一味惱怒要來得有用多了。

再者，妳也要開始規範自己的言行。如果對方的確還有心病沒有解決，在面對對方懷疑的人事物時，自然要更小心避免誤會。

並且妳還要主動爭取對方的諒解。

當另一半心平氣和時，不妨主動向他解釋，澄清真相，爭取對方理解，並用行動證明自己。

你們之間的矛盾，經過一段時間的努力後，要像矛盾產生之前一樣，努力和他恢復過去的感情，各方面也要多多關心對方，主動為他做些事等等。用實際行動表明，妳對他是一心一

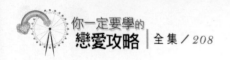
意的。

　　如果妳在面對另一半的猜忌時，能照著上述的建議去做，相信他的猜疑心是有可能被消除的。

　　愛情必須建立在相互之間完全信任的基礎上。對方的質疑，或許只是他的敏感多心，但也可能是由於妳的疏忽；唯有以誠懇的態度面對，兩人才能創造出真正互信、互知，無須猜心的完美關係。

經營妳的「新愛情關係」

只要善於經營這種親密而現實的「新愛情關係」，就能夠營造出更美好的情感默契，對於彼此的心思也更能瞭若指掌，

「婚姻是愛情的墳墓」，這句話對現代年輕男女來說已經不再新鮮，也有不少人把它當作至理名言，因而當輪到自己走進婚姻時，不免有些戰戰兢兢，生怕婚前的甜蜜和溫馨被婚後生活的繁瑣替代。

確實，婚姻是愛情一個重要的里程碑，也代表著戀愛時代結束。因為走進婚姻的人們，需要的是另外一種愛，這種愛情失去許多包裝、虛幻和浪漫，多了更多平淡和真實。

一旦走進婚姻，雙方對這段的感情都會有進一步的接觸，需要更親密、更穩定的關係，需要另外一種更水乳交融的感情，才能成功地把各自的生活完全重疊。

結了婚的男人無法再像往日一樣，保持自己的完全獨立，或者回到自己的原生家庭尋求慰藉。女人也不能再像戀愛時那樣春風得意，茶來伸手，飯來張口般受男人寵愛。

反之，男女都要面對工作和日常生活中遇到的一切瑣事和不愉快的矛盾，也許會爭吵，也許會大動肝火，鬧得雞犬不寧。

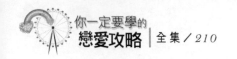

當妳真實地面對生活，包括無數的挫折和風雨，也包括柴、米、油、鹽等生計安排，也許會產生挫折和氣餒的情緒，並且暗暗在心裡再次印證「婚姻是愛情墳墓」的說法。

然而事實上，婚姻本身是無所謂好壞的，成敗全在於兩人。

婚姻的目的是為了建立新的家庭，延續你們之間的愛情，並為愛情果實建立一個貯存地。

在現實中，婚後感情與日俱增，恩愛有加的例子其實也很多。追根究柢，正是因為兩個人懂得如何鞏固感情，並願意追求甜蜜恬然的生活。

換句話說，只要妳善於經營這種親密而現實的「新愛情關係」，你們的愛也能夠繼續發展昇華，營造出比婚前更美好的情感默契，對於彼此的心思也更能瞭若指掌，而不會被扼殺在婚姻的搖籃之中。

讓愛沒有終點

婚姻是愛情的另一個起點，唯有兩個人願意共同為這個新起點做些努力，彼此才能夠真正相知，並永遠相守。

人們對於熟悉的事物總容易變得冷漠麻木；同理，在兩性關係之中，就算就再穩固的愛情，放置不管的話，在漫長的歲月中同樣會風化，經不起時間的腐蝕。

婚姻並不是愛情的墳墓，而是愛情的延續。結婚也不可怕，可怕的是妳的怯懦和無知。

美滿的婚姻可以是愛情的墊腳石。所以我們有必要懂得如何為愛搭起巢穴，讓婚姻在愛情雨露的滲透中更加堅固。

人們經常把婚姻裡的愛情與戀愛時的愛情，看做是不同的兩件事。由於有太多的外在的約束和壓抑，往往也讓現代人對婚姻關係裡是否仍然存在愛情懷有疑惑。

但實際上，婚姻中的愛情和單身時的愛情完全一樣，也可以是在自由空氣中奏響的生命樂章，只要妳願意多花點時間聆聽，就會發現這個樂章依舊那麼激揚美妙。

新婚時的蜜月旅行，可說是兩人感情最濃的時期，如果能利用假日，或者慶祝紀念日，不定時安排二度蜜月，來場異地

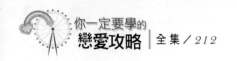

旅行，就能夠重溫過去的甜蜜，讓感情越來越濃厚。

單身時期許多人與另一半約會時，總會設法取悅對方，但這種情形在婚後便不再出現。

事實上，這是會傷害彼此感情的。所以，即使相處再久，還是要維持跟過去一樣的溫柔，不時來點幽默，給對方一些意料之外的驚喜，為感情添加一些興奮劑。

有些時候，短暫離開對方一段時間，也可以培養雙方對彼此的思念，將平靜的感情推向另一個高峰。

許多男女相處久了以後，對於衣服、外表、舉止等往往不再講究。但妳可能沒注意到，重視自身形象不但可以取悅對方，而且也可以在公眾場合中為對方留點面子。

說到面子，人都是愛面子的，如果妳當著別人的面批評另一半，很容易會挫傷對方的自尊心。

別忘了，要學會尊重對方，越是人多的時候，越要奉承他。真有什麼不快，也要等到只剩兩個人時再向他提出。

在快節奏的現代社會競爭中，每個人的工作往往都十分繁忙，更有不少人因為忙於工作而無法顧及感情生活，不能一起用餐、共眠，這將會嚴重影響感情的發展。所以，就算工作再忙，也要盡可能安排出時間共度，以鞏固這段感情。

其實，只要妳懂得如何為愛情澆水施肥，婚姻生活也可以跟過去一樣熱烈浪漫而甜蜜。

要知道，婚姻不是愛情的終點，而是另一個起點，唯有兩個人願意共同為這個新起點做些努力，彼此才能夠讓自己的心意不必透過翻譯就傳遞給對方，做到真正相知，並永遠相守。

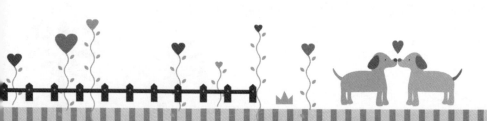

美好的愛必須相互遷就

感情不能只靠某一方一味遷就，必須彼此了解對方的需求，彼此滿足對方的需要，才能成就一段讓心意不必翻譯的美好愛情。

　　兩個人要恩愛，男人固然要有基本的體認，但女人也必須努力，成為男人心目中的好女人。

　　身為好女人，對愛情專一當然是首要條件。

　　做一個好女人必須把感情放在眼前這個男人身上，只有忠於男人，男人才能忠於妳。

　　男人如果因為工作忙碌，身為女人的妳也應該懂得體諒，並支持對方，使男人無後顧之憂。對男人而言，如果另一半不願做這點犧牲，很難說是一個好女人。

　　「女人應該持家」的觀念雖然傳統，帶有「男尊女卑」的印記，但從女性比較細心、耐心、有韌性等優點來看，女人主內確實比較合適。

　　所以，身為一個好女人，妳也應該要掌握一點烹飪常識，知道一些家居佈置的美學原理，能管理好家中經濟收支。要做好一個女人，可千萬不能小看這些「小事」。

　　再者，兩性之間不但要能有福同享，而且應該能共同承擔

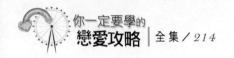

困苦。

想想，當男人工作出現差錯或者是蒙受委屈時，冷落對方，甚至訓斥對方，這可以算是好女人嗎？

一個好女人在男人工作出了差錯時，應該要幫助男人總結經驗教訓，鼓勵他；在男人受委屈時，也要在精神上給予支持才對。

兩人相處，最重要就是互敬互愛，男人不應有大男人主義，要尊重、愛護女人；女人當然也得尊重男人。

一個體貼入微的女人，會讓男人感覺溫暖可愛。

不分場合當眾給對方難堪，也許可以顯示妳的地位，但卻也會嚴重傷害對方的自尊心。這是一個好女人最不應該做的。

要男人懂得妳的心，事事體諒妳、遷就妳，那麼妳也得付出同樣的心思在對方身上才行。

感情本來就不是只靠某一方一味遷就，就可以行得順利的，兩個人必須彼此了解對方的需求，彼此滿足對方的需要，才能成就一段讓心意不必翻譯的美好愛情。

11.

愛情需要更多活力

不妨多為生活注入一些新鮮感，

讓愛擁有源源不絕的活力，

也讓這份「心意無須翻譯」的默契得以長存。

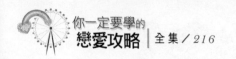
愛情需要更多活力

不妨多為生活注入一些新鮮感，讓愛擁有源源不絕的活力，也讓這份「心意無須翻譯」的默契得以長存。

許多情侶在一起久了之後，經常抱怨生活枯燥又乏味，這是因為他們不懂得保持好心情的辦法。

每個人都希望和愛人回到年輕時代，都希望維持戀愛時的美好感覺，而這一點就是讓你們感情和諧的絕招。

比如，在忙完一天的工作之後，妳不妨發揮一下自己的藝術天分，送另一半一張拼貼畫做為禮物。

妳還可以買本雜誌，把只對你們倆有意義的畫面和話語剪下來，從不同角度把它們巧妙地組合起來，然後為這張貼畫加個自製的框，一切就會變得十分有趣。

妳也可以錄下自己的聲音，告訴他妳多麼愛他，又為什麼愛他。

或者，錄上妳發現的一首好詩，或者是具有特殊意義的歌曲，然後在 CD 上繫個大蝴蝶結，把它放在車上，並留張紙條告訴他，妳希望他在開車上班的路上聽聽。

這是另一個既浪漫而又簡單的辦法。

　　如果他特別熱衷運動賽事，妳可以幫他挑件支持球隊的球衣，附上一張卡片寫些溫暖的情話，告訴他「在我心裡，你跟×××一樣棒」，讓兩人間的熱情彷彿回到熱戀時期。

　　除此之外，妳也可以預先告知對方，他將得到一份禮物，先製造氣氛。不過，所送的禮物要以接近於實用的物品為宜，如襯衫，工藝檯燈等等，最好先了解清楚他喜歡什麼。

　　如果他知道一週後對方將送給自己一件喜愛的禮物，那麼這一整個星期裡，他每天都會高興地期盼著。一旦突然將禮物送到他面前時，就會產生極佳的效果！

　　對方會非常欣喜，並對妳充滿感激，但如果妳事先沒有打聽好，到時候贈送給他的禮物並不是對方喜愛的，那就糟糕了，此時，妳不但不會贏得好感，而且很有可能招來抱怨。

　　再者，男人其實也跟女人一樣，非常懼怕年齡增長，更希望自己的另一半可以永遠看起來青春有朝氣。所以，不管妳年齡有多大，勤於修飾打扮，多吸收美容保養資訊，要討好對方自然就容易多了。

　　同時，在值得紀念的日子裡，想辦法創造和過去一樣的氣氛，也能夠博得他的歡心。

　　可以兩人坐在一起，共同回憶剛開始戀愛的往事。妳可以為對方買些禮物，譬如古龍水、領帶、袖釦、手錶……等。

　　送的禮最好是個人用品，不要送可以共用的物品，如窗簾、音響等，因為這類禮物也許會讓對方覺得妳不夠有誠意，不是專門為他買的。

　　細水長流的感情走得越久，最怕的就是彼此麻木與單調枯燥的生活。

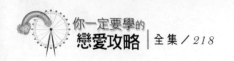
　　即使一開始兩人親密無間，懂得對方的想法，長久以來的麻痺與彈性疲乏也會逐漸磨去這份得來不易的了解。

　　因此，不妨多為感情生活注入一些新鮮感，讓愛擁有源源不絕的活力，不成為一灘死水，也讓這份「心意無須翻譯」的默契得以長存。

彼此了解，心意就不必翻譯

要讓彼此的心意不必翻譯，要是想擁有這樣
默契絕佳的美好關係，就必須先從了解與妥
協開始做起！

很多人，尤其是女人，總是說男人本來就應該如何、本來
就應該討好女人、要懂得在不傷害女人自尊心的情況下指出她
的缺點……等。

確實，在生活中，大多數衝突通常是男人必須負責任，因
而男人的確比女人更應該掌握改善兩性關係的技巧。

不過，改善雙方的關係，應該是兩個人都該一起努力的，
而且，通常扮演關鍵性角色的都是女人，所以說，身為女人的
妳，能不能夠掌握這些技巧同樣十分重要。

首先，妳必須學會傾聽。對方所要說的事或許對妳來說並
不是那麼重要，不過重要的是「對方正在與妳交談」這件事。

討論一個問題並不一定得立刻找出解決方案。事實上，這
時最重要的就是善於傾聽，不論妳多麼不情願，都要耐心聽對
方說話。當對方的煩悶消除時，必然會感覺到妳的誠意。

再者，若妳想要他周末陪妳看場電影，對方卻沒有同意的
話，那麼也不要強求，更不必責怪對方，先滿足對方的需要吧！

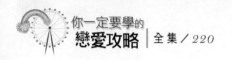

如此一來，他也會主動反省自己而感到內疚。

兩人相處常常會在習慣、言語、想法……等方面出現衝突，在極為緊密的感情關係中，確實十分需要彼此妥協。就像當對方想郊遊，而妳卻想拜訪朋友一樣。但這並不表示，必須有一方得犧牲自己滿足對方。

不妨做個調整：這次先跟他一起去郊遊，下次再由他陪妳一起去訪友；也可以半天時間用於訪友，半天時間用於郊遊；也不妨邀請妳的朋友跟你們一起去郊遊。

不要把調整視為屈服，這個世界原本就不可能事事完全如妳的意，假如能夠達到自己希望的一半，就已經很不錯了。

就像妳不希望對方將不願意陪妳訪友的心情在友人面前說出來一樣，妳也要避免在郊遊的過程中埋怨對方，讓對方悶悶不樂。

傾聽，是了解對方的第一步。適度調整自我，更是維持好這段感情的重要關鍵之一。

兩個人相處，要讓彼此的心意不必翻譯，絕非不可能，但要是想擁有這樣默契絕佳的美好關係，就必須先從了解與妥協開始做起！

傾聽，才能懂得彼此的心

溝通是讓兩個人心靈相通最重要的手段，願意靜下心來傾聽另一半的聲音，絕對有助於培養出對彼此的透徹了解。

　　當他對某些事情提出質疑，千萬不要妄想懷著鴕鳥心態對他說：「沒什麼不對。有什麼讓你覺得不對的？」而是要正面看待他的質疑並且告訴他：「是的，有些事確實有問題。」

　　迴避問題只會讓事情更糟，就像傷口如果不處理總有一天會化膿一樣，妳的痛苦會將你們的關係導向更混亂的境地，並逐漸深化。

　　首先，妳必承認有不對勁的地方，即使妳並不準備立即討論此事。這樣做有助於消除緊張氣氛，並使兩人處於尋求解決的同一個立場上。然後計劃好某一天坐下來慎重地談論這個問題。

　　當然，在上床之前解決問題絕對是個明智之舉。但是，如果雙方對某些問題存在嚴重衝突，那麼在上床前硬是要將這些煩心的事弄出個所以然，就不是很恰當了。

　　因此，不妨暫時將怨氣放在一邊，直到妳有一段充裕的時間處理問題。在妳感到不那麼疲憊的時候，會更容易發現解決

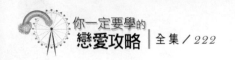

問題的方案。

還有，也不要說：「你怎麼能那樣對我？」

而是要詢問他：「這個舉動已經傷害了我的感情。告訴我，到底是什麼原因讓你那樣做？」

有不少男女在相互指責時，會不約而同的扮演受害者的角色，只想一吐自己心中的怨氣、遭到的羞辱和背叛，而不願傾聽對方的委屈，一如對方也不願意放下自己的埋怨聽聽妳的心聲。

因此，妳不妨主動了解伴侶這種反應背後的原因，而不是也同樣以受害者的角度指責對方。

例如，妳可以說：「你沒打電話給我，這讓我很難過。為什麼你昨天晚上不跟我說一聲就半夜離開呢？」

提出問題的癥結，兩個人才能以建設性，而不是破壞性的態度表達各自的觀點，從而打破僵局。

但要注意，採用這種方式，也意味著妳應該要做好真正聽他說出事實，並且接受自己可能有錯的心理準備。

溝通是讓兩個人心靈相通最重要的手段，願意靜下心來傾聽另一半的聲音，絕對有助於你們之間培養出對彼此的透徹了解與愛的默契。

理解男人，就能抓穩他的愛情

主動探知對方的需求，讓他感覺到自己的心
意能夠完全被理解，自然就可以緊緊抓穩他
的愛情。

有人說，愛情就是不斷選擇的過程，選擇決定了女人幸或
不幸。

如果抉擇是無可避免的，那麼走在愛情路上的女人，最應
該做的一件事，無疑是平心靜氣地思索：對方究竟是不是自己
想要的對象？如果是，又要如何與對方相處？

當人們受到攻擊或遭到批評的時候，往往會本能地保護自
己，並且想盡辦法反擊對方，但這種本能對於兩性相處來說卻
是有傷害的。

兩個人相處久了，多少會產生衝突與摩擦，這時候，妳有
權利也有責任使對方了解妳對這件事的看法，清楚這件事在妳
心目中的位置。

如果只是一味指責他，彷彿一切都是他的錯，卻不試著表
達自己的想法，只會造成彼此攻擊的反效果，對於問題本身並
無助益。

因此，兩人發生爭執的時候，不妨用緩和的語氣告訴他：

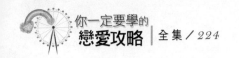

「你這樣做會讓我不開心。」

注意表達妳的感情，不是要求對方改變，而是要彼此溝通交流。

不能說：「我不想見你那些狐群狗黨。」而是要說：「我不太喜歡拜訪朋友，我想我們能夠討論出一個辦法讓我們都滿意。」

還有，像是「你從來不曾陪我出去」這類話，也容易引起對方的不悅，假使換一種語氣：「這個星期天，或者下個星期天，我們出去一趟好嗎？」效果一定完全不同。

說話時的語氣是十分重要的。假如妳沒有意識到對方的感受，只是自顧自的訴苦，這麼做肯定不是明智之舉。

當然，妳也不能只關心自己的需要能否得到滿足，同時也要注意滿足對方的需求。也許人的天性都是自私的，然而對於相愛的兩個人來說，卻必須要求自己做到對對方無私。

真正的愛，其實也就是滿足對方的需要。但是，許多男女卻常常不願意主動發現對方有些什麼需求。

在熱戀期間的情侶，常常互相表現出極深的關懷，如果兩個人過了熱戀期之後，依舊能夠保持這種關懷的四分之一，絕對可以建立起一段美好而長久穩固的關係。

所以，別只是因為自己的需要沒有得到滿足而悶悶不樂，有空也不妨坐下來談談對方的需要。

當妳不能確定時，不妨問問對方：「要怎麼做你才會覺得開心？」

並且，不管妳到底能不能做到以上說的這些，又或者妳有別的想法，最最重要的一點，就是不論妳採取任何手段，都必

須以愛爲出發點。

　　同時，不要指望對方多麼愛妳，因爲妳自己就能使自己變得可愛；也不要過度奢想「完美的愛情」，但依舊必須努力爭取「完美的愛情」，更要主動發現對方的要求並且努力滿足他。

　　妳還必須消除自己過度的佔有慾及嫉妒心，見面的時候不抱怨、不命令，盡可能表示妳的熱情；更不能試圖用責難或攻擊的方式改變對方，不自以爲是，遇到問題不能煩躁。

　　要知道，彼此體貼、適度妥協，是創造美好關係的第一步。只要妳願意主動探知對方的需求，讓他感覺到自己的心意能夠完全被理解，自然就可以緊緊抓穩他的愛情。

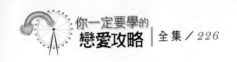
掌握男人的腦袋

了解男人想的是什麼，一定有益於妳和他的相處，甚至進一步引導妳更清楚他的心意，掌握他的思緒！

妳知道，對男人而言，所謂的「理想女人」有些什麼特點嗎？

通常，男人心目中的好女人，必須是活潑、可愛、溫順、斯文，給人清新的感覺，還要能察覺男人的愛好。料理家事有條有理，不庸俗，並且心靈手巧，不耍小聰明。

同時，還要善於理解，具有同情心。生活態度勤儉但不小氣；能言善道；不花俏、落落大方，而且要富有修養。

不知道妳發現了嗎？在這幾項標準裡，並沒有「漂亮」。

這是因為，對男人來說，挑選對象並不是挑明星。曾經有人說過，女人因為可愛才漂亮，而不是因為漂亮才顯得可愛。這裡的可愛，就包含著溫柔、體貼、善解人意。

確實，從男人的角度來說，也只有溫柔體貼善解人意的女人，才能讓家庭成為寧靜的港灣。

當男人渾身疲倦地回到家中，當然渴望女人可以體貼自己，讓他安安靜靜地休息，感覺到溫暖。可以盡情放鬆，拋棄一切

煩惱和壓力，完全恢復體力，補充能量。

溫柔體貼善解人意的女人，能夠給男人提供一個寬鬆的環境，不會因為男人的社交圈出現異性而大發醋意。她會非常巧妙地和男人的異性朋友成為朋友，不會限制男人的各項自由，讓他覺得被理解、被支持，是男人最堅強的後盾。

溫柔體貼善解人意的女人能夠讓男人喜歡自己的家，讓男人在外時，總是惦念著自己的家。

她會讓男人把跟她在一起的生活當成最快樂美好的時光，讓男人一輩子都沉浸在幸福之中。不管走多遠，不管外面的風景多麼美麗，不管外面的世界多麼精彩，都會想盡辦法回到她身邊。

明白了男人心目中的種種理想女性標準，或許妳已經大略知道應該如何調整自己了。

當然，女人並非一定得處處迎合男人的喜好。但不可否認的，了解男人想的是什麼，一定有益於妳和他的相處，甚至進一步引導妳更清楚他的心意，掌握他的思緒！

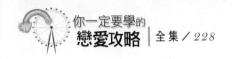
主動喚醒愛的熱情

愛得越久，越要時時傳達對彼此的愛，不能讓對方透過層層翻譯，猜測妳的愛是否依然存在。

專家認為，當一對戀人的關係對旁人來說已不再是秘密的時候，周圍的人對他們的耐性往往會受到嚴峻的考驗。因為，很多被愛神之箭射中的人，往往都是旁若無人的。

說到「局外人」，得先從父母算起。父母辛苦地把自己的兒女撫養成人，如果到頭來這對情侶卻愛過了頭，忽視他們的存在，做父母的怎麼能不耿耿於懷呢？

那麼從女人的角度來說，究竟應該要如何對待對方的父母？

首先，妳必須有所體認，是他的父母把他造就成妳現在所鍾情的人；是戀人的父母將妳所珍重的品格賦予妳的心上人；當然，他的父母無疑也在某種程度上具有同樣特質。

所以，妳也應該愛他的父母，即使只是一點點的愛也能夠為你們的和諧關係創造契機。

想要愛情走得長久，除了重視與他周遭人的關係，妳還要注意，千萬別讓嫉妒考驗你們的幸福，因為嫉妒最容易招致不幸。

或許妳會理直氣壯地說：「沒有嫉妒，就沒有愛情。」

就算是如此，彼此的幸福最終依然取決於相互信任。如果向某人投以和善的目光都會被看做是暗送秋波，有誰能忍受得了呢？

嫉妒能扼殺愛人的生命，不管後來是怎樣圓滿和解，但每一回嫉妒所引起的不快都會爲這段關係留下痛苦的傷痕。

尤其，如果妳以爲兩個人只要步入禮堂之後，就形同擁有穩固的關係，那可就大錯特錯了。

一旦結婚之後你們會發現，生活是多麼平庸無奇、單調乏味。女人們，不妨看看自己，當男人下班回來，妳是以一副什麼樣的尊容出現在他面前？

不客氣地說，妳的圍裙或許一週前就該洗了。雖然在親友和熟人面前，妳還像從前那樣乾淨俐落，可是在家裡吃早飯的時候呢？蓬頭垢面、十指不潔，一副黃臉婆的模樣。

「那他呢？難道還像戀愛時那樣殷勤體貼嗎？」

別激動，也別發火。只曉得話裡帶刺，用偏激的語氣說話絕對沒有用，這不僅不能消除緊張氣氛，反而會火上加油。

別忘了，在同事們以及別的女人眼裡，這位男人依然還很可愛，可見他並沒有判若兩人。

不妨試試看，改天他要是看見妳打扮得漂漂亮亮，一定會笑臉相迎，而不會嘮叨妳晚飯準備太慢，也不會挑剔菜色毫無變化，更不會一回家就躺在沙發上看電視。

簡單一句話，如果想要愛情長久維繫，一舉一動都要像熱戀時一樣。

當然，這並非妳一個人的責任，男人的確也很容易忘記自

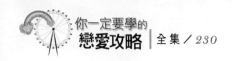
已當初曾經如何溫柔地對待另一半。但如果妳願意主動先從自己做起，相信對方也一定會感受到，進而有所改變。

就算你們已經戀愛了很長一段時間，但依舊需要透過各種方式傳達對彼此的愛，否則感情在毫無新鮮活力的生活中，終究會越消磨越淡薄。

愛得越久，愛意就越不能埋在心裡，不能讓對方透過層層翻譯猜測妳的愛是否依然存在。時時主動表達感情，用心讓這段關係保持一定的愛情溫度，兩人才能長久走下去。

婚姻不是愛的墳墓

想要讓彼此的心意不必透過翻譯，主動關懷他的各種需求，就是了解對方心思最重要的第一步。

擁有一顆體貼對方的心，是兩性關係成功的基礎。可以時時站在對方的立場為另一半著想，無疑也是促進雙方默契的關鍵。

綜觀許多成功的兩性關係，那些事業有所成就的男人背後，往往有著一個女人默默支持著。同樣的，一個女人燦爛的笑容，也總是和男人的體貼和關懷息息相關。

以女人來說，雪莉無疑是幸運的。

雪莉的老公是某公司的經理，工作十分繁忙，但是他從來沒有要求雪莉必須放下自己的事照顧家庭，照顧他，而是兼顧雪莉的需求，讓她做自己喜歡做的事。

現在雪莉還在攻讀碩士，除了課業，在她的笑容中卻看不到其他的壓力，反而能感受到身為小女人的幸福。

雖然另一半對她沒有要求，但她知道自己必須體諒他工作的辛苦，因而也盡可能幫助老公處理生活和事業上的問題。

但她並不是停步不前的。

　　她熱愛自己的專業，而且在這方面做得很好，同時她也沒有忘記自己身為人妻的身分。

　　有一次，老公出差回來的時間，剛好在她忙完學校的事情之後，她立刻換下衣服，不顧勞累，準備迎接他回家。

　　而她的男人一方面為她的成就感到驕傲，另一方面也因為她的體貼更能夠努力衝刺事業。雖然有時候他們也會拌嘴，但是整體上而言，兩人的關係是十分和諧的。

　　相互體貼，是兩個人可以愛得長久的重要因素，想要讓彼此的心意不必透過翻譯，主動關懷他裡裡外外，無論是心理或生活上的各種需求，就是了解對方心思最重要的第一步。

　　感情要永遠維持甜蜜美滿，絕不是天方夜譚，只要妳願意，同樣也可以擁有一段美好和諧的愛情。

12.
如何讓心愛的人敞心扉

據心理學家介紹，女人對於不具體的約會有排斥的心理，因此，當你與女友交往時，必須注意約會地點和邀請的方式。

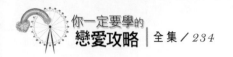
如何讓心愛的人敞心扉

> 據心理學家介紹，女人對於不具體的約會有排斥的心理，因此，當你與女友交往時，必須注意約會地點和邀請的方式。

愛情這杯酒裡有最甜蜜的快樂，也有最痛苦的悲哀，就看你用何種原料去釀造它。總之，如果方法得當，保你一生都有妙極了的感覺。

如何使女性敞開心扉，是談情說愛中首先要碰到的問題。

女人的心理總是難以捉摸的，交談時如何使女性敞開心扉，這不光是一門交際藝術，還要懂點心理學。

據心理學家介紹，女人對於不具體的約會有排斥的心理，因此，當你與女友交往時，必須注意約會地點和邀請的方式。

男人總是認為，邀請女人到高級餐廳享受美食，比較容易成功。

有些女人確實如此，對對方的底細還不清楚，便被一次高級的招待弄得心花怒放。我們不能否定這種方法有效，但如果忽視了時機和場合，也可能會弄巧成拙。

據說，很多女孩子，對相識不久的男友邀請去高級消費場存有戒心，使他們根本不能得到預期的效果。

　　因為，選在那種地方約會，女孩子的注意力會集中在你的舉動上，同時，心裡還對你充滿疑心：「這個人會不會有什麼居心？」因此，不管你多盛情也不會有結果的。

　　其實，和剛認識的女孩子約會，不妨去熱鬧的大眾消費場所，那裡氣氛輕鬆，她的注意力在音樂與談話上，不會老盯著你，而你也不必擔心她不相信你。人們在這種場合都會有一種安全感。

　　儘管今天的女性已比以前開放了許多，但由於受傳統思想的束縛，觀念上還是不能完全開放。

　　她們在決定一件事情時，總愛以沈默的態度作為自己的應允。這種傳統思想的束縛，也正是男性開口邀約女性最常遇到的難處之一。

　　無法按照自己的本意去行事的保守女性，在當今的社會裡仍然是普遍的。因此，邀約女性的最佳方式是：直截了當地提出你的邀請。

　　她若滿口答應當然最好，她若沈默以對，則採取不需要她回答，不必徵求對方意見較好。

　　換句話說，譬如你問她：「一起喝杯咖啡好嗎？」她如果有意接受，可能不回答，只是以沈默來代替。

　　此時你若一個勁兒地向她解釋，你只不過是想請她喝咖啡，並沒有其他意思，反而會觸動她那敏感的神經，弄不好她就會提前對你說拜拜。

　　此外，當你跟女友同遊時，如果你處處顯出自己是個禮貌周到的人，她會暗自欣喜的。因為懂禮貌的人總是會受到歡迎的。眾人歡迎你，你的朋友也會覺得臉上有光。

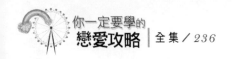

愛的告白不能太過急躁

> 愛意的表達方式並不是單一的，關鍵就在於，要找出何種方式最適合對方的個性，如此才能夠真正有效的打動對方的心。

薩蒙曾經寫道：「愛情經常會結束在你不敢將愛說出口的那刻。」

通常還沒開始就已經結束的愛情，問題往往出在沒有及時向對方表達愛意，錯過告白的時機。

因此，如果你有了愛慕的對象，不想讓自己錯過這段可能成真的愛情，就千萬不要把愛意悶在心裡，而是要鼓起勇氣，發揮腦力，想個巧妙的方法，把心中的愛意說出來。

但是，要說出愛的告白，首先要認清對方的性情，掌握最佳時機，採取最好的方式，千萬不要太過急躁。

比起男人，女人往往是比較矜持的，一抹溫柔的微笑，通常就是感動女人最基本的技巧。

通常來說，與異性初次見面的女孩，多半喜歡刻意製造出距離，讓人覺得難以接近。

即使她真的很喜歡你，也會裝出滿不在乎的樣子。

所以說，如果想接近她，就要用你的溫柔將她的冷漠融化，

這樣才能贏得她的芳心，否則永遠摸不透對方。

當女性在生活中碰到討厭又不如意的事時，最需要的就是一個可供傾訴與依靠的臂彎，對於溫柔的男性，幾乎毫無招架之力的。

溫柔男子的微笑往往使女孩覺得親切，並有種絕對的信賴。

要是你能夠恰當適時的在她最脆弱的時候，表現自己的愛意及體貼的一面，那麼多半就能贏得她的心了。

要知道，不講求技巧與時機，隨意流露熱情與過度的親暱舉措，只會把這條可能織出愛的的絲攪得一團糟，降低你在對方心中的地位。

對愛情的表達，應該像馬克思所說那樣，「採取含蓄、謙恭以至羞澀的態度」，這樣的愛情才有曲折的美感，才更容易打動人的心扉，讓她真心接受你的愛。

當然，愛意的表達方式並不是單一的，就像鮮花的顏色不是一種，而是萬紫千紅，道路的情況不是一種，而是長短直曲。

關鍵就在於，必須要找出最適合對方個性的方式，如此才能夠真正有效的打動對方的心。

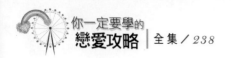

適時的恭維勝過貴重的禮物

 女人喜歡別人恭維和讚美。戀愛中的女人尤其喜歡聽甜言蜜語。一句恭維和讚美的話，往往勝過一件貴重的禮物。

　　不管男人女人都喜歡聽好話，談情說愛的過程，懂得說「好聽的話」的人，也比較容易獲得心儀對象的青睞。因此，如果你想戀愛成功，那麼如何把話說到對方的心坎裡，絕對是必修的一門學分。

　　對女性來說，穿著的服飾是身體的延長。嶄新飾物的穿戴，不僅是妝扮，也是自我全新的表現。這點心意若被讚譽，她們會如同自身價值被肯定一樣而興奮不已。

　　女性在他人評價自己新裝的同時，不僅希望他人肯定自己的價值，更希望他人認同自己的審美眼光。因此，客觀地評價一位女性的衣著服飾，也就是客觀地評價了這位女性。

　　女孩喜歡被別人認同，包括她們的愛好。

　　女孩喜歡別人與她有相同的愛好，當她喜歡某件東西時，也希望別人有共同的感覺。

　　她希望別人崇拜她，圍著她轉。

　　因此，培養共同的興趣和愛好，能將兩人緊密地聯繫在一

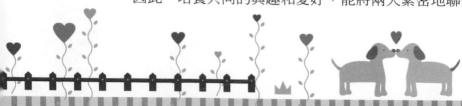

起，生活的樂趣也隨之增加。

　　當你和她一同遊玩時，她會有一種世界上似乎只有你們兩人的感覺，一切都是那樣的美好，你們的情感也就自然加深。

　　女人喜歡別人恭維和讚美，戀愛中的女人尤其喜歡聽甜言蜜語。

　　一句恭維和讚美的話，效果往往勝過一件貴重的禮物。懂得女性的這種特性，你不妨對你所愛的女孩經常進行恭維和讚美。

　　例如，她穿一身新裝，你心裡雖然想：「她的膚色較黑，穿這件衣服不合適。」但是，表面上你還是要誇獎說：「喲，這件衣服跟妳健美的膚色很相稱。」

　　當女友換了髮型，即使不怎麼適合她的臉型，你也得說幾句讚美的話。此外，當你從外地旅遊回來，帶給女友一份禮物，或是一枚胸針，或是一盒化妝品，都會令她認為你惦記著她而心中竊喜。

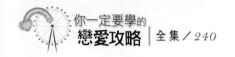

愛情不能與現實脫軌

在理想與現實之間，我們必須學會妥協與取捨，才不至於因為過度的理想化而與現實脫軌，平白錯過獲得幸福的機會。

在現實生活中，我們或許會接觸到形形色色的男人或女人，但是卻往往沒有心跳的感覺。

我們一直期待著夢中情人能夠出現，突然有一天，你發現眼前那個人就是你的夢寐以求的對象。這一瞬間，生命頓時沸騰起來，你會用全部的感情去追求你的夢想。」

挑選對象，就是從眾多異性中找到一個在價值理想上適合自己的人。

在阿爾弗萊德·德·緩塞的小說《弗雷德里克和貝納勒塔》中，巴黎歌女貝納勒塔向心愛的弗雷德里克承認：「自從我愛上了你，所有的男人在我的眼裡都顯得醜陋和愚蠢。」

索麥爾塞待·莫恩姆筆下的主人翁流浪漢貝特曼，也這麼向伊莎貝拉說：「除了妳，我看不見任何人。我想像不出，有誰能夠像妳。」

確實，愛情是一種感情、願望，具有不可替代的特點，而這也是愛情的價值所在。不管是男人還是女人，都想找一個盡

善盡美的對象，然而現實生活中的人物，卻或多或少都有不完美之處，因而造成了許多人對愛情的矛盾和痛苦。

　　不少人為了追求心目中那個完美的形象，徒然蹉跎了美好年華，與愛情擦肩而過，德國劇作家萊辛就是一個最好的例子。

　　三十四歲的時候，萊辛愛上寡婦夏娃‧克尼希。他等了六年，最後對方才接受了他的求婚。這一對有情人的生活過得非常幸福，當夏娃因為難產而逝世時，萊辛一下子蒼老許多，世上的一切在他的眼中頓時停滯。三年之後，便隨著夏娃去了。

　　就像萊辛一樣，當你只把目光焦點放在一個對象身上，理想就會具體化，這個對象的優點就可能變成一種無人可代替的條件。

　　但是，戀愛其實是可以談出來的，在這個世界上，要找到一個完全合乎心目中所有條件的對象，也幾乎是不可能的事。

　　因此，在理想與現實之間，我們必須學會妥協與取捨，才不至於因為過度的理想化而與現實脫軌，平白錯過獲得幸福的機會。

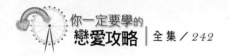
男人的另一半，也可以是夥伴

要是能夠成為男人家庭與工作上的盟友，對於你們的感情，只有莫大的好處，卻沒有絲毫壞處。

在兩人漫長的相處過程中，不但會有艱難困苦，而且還充滿著憂愁和煩惱。工作中的煩惱，家庭生活中的種種矛盾，人際關係中的誤會等，都容易在心理上造成極大的負擔，要想做一個好伴侶，就要及時給予他安慰鼓勵，為他尋找原因。

有時，另一半的安慰和鼓勵，經常能夠產生神奇的力量。由於親密的兩人之間，最能敏感地察覺到對方的情緒變化，說的話最有力，對於消除他的負面情緒，有著很大的作用。

另外，面對他的成就，適時「降溫」也是必須的。當男人為取得的成就欣喜若狂時，當妳與他共用為成功歡樂時，妳同時也有責任提醒他驕者必敗的道理，這也是朋友之間最起碼的責任。

男人大部分的生命都奉獻在工作上，所以女人當然應該關心任何一種佔去了他大部分時光的職業，在必要的時候更要付出心力，這不僅可以幫助男人得到成功，而且自己也可以得到分享報酬的權利。

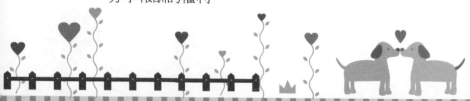

如果妳想要給另一半一點額外的幫助，那麼就要盡妳所能
了解他的工作，並給予他任何一種他最需要的幫助，使他的工
作順利進行。

詹姆斯·馬修·格里爵士的喜劇《每一個女人都知道的事》
中有過一個場景，女主角瑪姬·薇麗上床時，手上拿著一些未
婚夫正在研究，內容極為深奧難懂的法律書籍，她對她的兄弟
們解釋說：「我不要他知道那些我不懂的事情。」

確實，女人對男人工作知識的了解，一定會對男人有著很
大的幫助，因此，有許多企業努力使員工們的太太了解另一半
工作常識的原因。

從前，若是想要讓員工的太太知道另一半的工作內容，的
確有點困難。現在由於資訊發達，執行起來容易多了。

瑞士歐利康市的某機械製造廠，便安排了讓員工太太參觀
訪問的活動，並且向她們解釋各種製造程序。工廠的經理發覺，
這是一個實用的政策，因為他們時常可以從這些妻子們那裡得
到改進的好點子。

美國許多公司也對員工的配偶敞開大門，結果自然也得到
了相同的收穫。有個太太參加了一家家用器具工廠主辦的一次
訪問，當她看到丈夫在他的機器邊工作的時候，突然有了個想
法。

那天晚上，她問丈夫為什麼他們的機器不使用腳踏板來代
替那個高過人頭的槓桿，這將會節省許多時間和不必要的動作。

男人覺得很有道理，於是把這個建議告訴老闆。最後，這
個想法真的實現了，結果工廠的生產效率提高了大約二十％，
同時也讓這名丈夫多了三千美元的工作獎金。

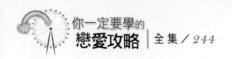
戴斯禮是杜利伯茶杯公司的總經理，雜誌曾經引述他的話，說他正計劃每兩個月發行一次有關公司業務的小冊子給員工們的太太。

他說：「如果她們讀了這些小冊子，就會不自覺地對公司業務感到興趣。」而女人要是「對公司業務感到興趣」，就會成為男人與男人的老闆最重要的盟友。

當然，是不是成為老闆的盟友，或許對妳來說一點也不重要，但要是能夠成為男人家庭與工作上的盟友，那麼對於你們的感情只有莫大的好處，卻沒有絲毫壞處，妳說是嗎？

別把愛情當戰爭

愛情畢竟不是戰爭，靠的是經營，而非誰向誰俯首稱臣。一味計較誰應該先低頭，不是一件很愚蠢的事嗎？

　　當兩個人產生摩擦時，或許妳會忍不住這麼想：為什麼他不願意多退讓一步呢？如果他不是這麼固執，我又何嘗願意這樣你來我往的爭執？

　　在爭執中，究竟誰錯誰對，誰又應該先讓步，真的是個無解的答案嗎？在妳吐出滿腹怨懟之前，不妨先看看以下這個故事吧！

　　莉莉高高興興地出嫁，並生了孩子，但沒多久的時間，卻發現她根本無法與對方相處。他們的性格與習慣，實在有著天壤之別，莉莉經常被他搞得怒氣沖沖，而男人卻只是反過來指責她太愛計較。

　　日子一天一天地過去，莉莉和男人沒有一天停止吵鬧。長久下來，家中所有的憤怒和不快越積越多，兩個人各自都痛苦不堪，甚至男人還開始出現外遇的跡象。

　　最終，莉莉再也受不了他的壞脾氣和頤指氣使，決定不

再這樣忍氣吞聲下去了，為了保有小孩的扶養權和財產，她必須除掉這個臭男人。

於是，莉莉去找父親一位賣藥的朋友，她將自己的處境告訴他，並問他是否可以給她一些毒藥，這樣她就能把所有的問題都解決掉。

這位先生想了一會兒，最後說：「我可以幫妳解決問題，但妳必須聽我的話，完全按照我說的去做。」

只見他進了屋內，幾分鐘後又從裡面出來，手上還拿著一包草藥。

他告訴莉莉：「藥效太快的毒藥會讓人懷疑妳。因此，我給妳的幾種中藥都是慢性毒，毒性會在妳男人體內慢慢培植。最好天天都做些豐盛的菜餚，再放少量的毒藥在菜裡面。還有，為了讓他死的時候，別人不至於懷疑妳，這段期間妳必須對他十分體貼溫柔，不要跟他爭吵，就像你們剛戀愛的時候那樣。」

莉莉答應了，她十分高興，謝過父親的朋友後，便急急忙忙趕回家，開始實施謀殺丈夫的計劃。

幾個星期過去，幾個月也過去了，每一天，莉莉都精心烹製摻有毒藥的美味餐點。她記得那位先生說過的話，要避免引起懷疑，因此十分克制自己的脾氣，對待他就跟熱戀時溫柔可人。

半年過去了，家裡的氣氛都變了樣。莉莉將自己的情緒控制得好，她甚至發現自己幾乎不會動怒，更不會像以前那樣被對方的言行氣得發瘋。

半年裡，她沒有跟老公發生過一次爭執，在她的眼中，

丈夫也比以前和善得多，容易相處得多了。

男人對莉莉的態度也改變了，開始變得體貼，甚每天也都準時回家吃飯，下了班還會幫忙做做家事，兩個人真的像戀人一樣形影不離。

這一天，莉莉又去找父親的朋友，再次尋求他的幫助，希望他開些解毒的藥方，制止那些毒藥的毒性，因為丈夫已經變成難得一見的好男人，她實在不想讓對方就這樣死去。

父親的朋友欣慰的說：「儘管放心好了，我從來沒給妳什麼毒藥，我給妳的只不過是些滋補身體的草藥，那只會讓他更健康。其實，唯一的毒藥在妳心裡，在妳對待他的態度裡，但值得慶幸的是，那已經被妳的愛沖洗得無影無蹤了。」

確實，兩個人相處，就是這麼一回事，妳願意多付出一點愛和包容，對方就不會回報以怨怒。

愛情畢竟不是戰爭，維繫靠的是經營，而非誰向誰俯首稱臣。不願意溝通，卻一味計較誰應該先低頭，不是一件很愚蠢的事嗎？

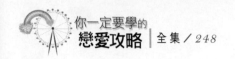
忙著工作，也不要忽略感情生活

把工作和家庭時間仔細分配，別再輕忽略過
你的家庭時間，別忘了，當我們需要支持之
時，只有家人才是我們唯一的依靠。

忙著工作的你，有多久沒有和家人們一起出遊了呢？又有
多久沒有和家人好好坐下來聊天、吃飯了呢？

一天只有二十四個小時，我們東扣西減之後，一家人聚在
一起面對面溝通，或是坐下來連絡感情的時候，恐怕屈指可數
吧！

彼得回到家已經很晚了，由於工作壓力大，此刻的他情
緒有些煩躁，一回到家，只想安安靜靜地坐在沙發上好好休
息一下。但是，他一踏進家門，卻見妻子正坐在客廳裡等著
他。

「老公你回來啦！我想問你一個問題，可以嗎？」老婆
撒嬌地問。

原本有些不大高興的彼得，這時聽見老婆的嬌聲，心也
軟了下來，答道：「有什麼問題？」

「老公，你一個小時可以賺多少錢呢？」老婆問。

「這什麼問題？妳該不會嫌我賺的錢不夠妳花用吧？」彼得不悅地問。

「不是那樣的，我只是想多了解你的工作情況而已，別誤會了。」老婆含情脈脈地望著他。

「一小時約五十塊美金，有什麼問題嗎？」彼得不解地說。

老婆接著又撒嬌地說：「喔，那老公你可以借我三十塊美金嗎？我現在只剩二十塊美金了。」

彼得一聽怒火登時點燃，大聲說道：「妳又想拿錢去買什麼鬼玩意兒了？妳不是才剛買了一堆化妝品回來而已嗎？我每天那麼辛苦地工作，妳為什麼就不能多體貼一點，多我為想想呢？」

結果妻子失望地默默回房，彼得則氣呼呼地坐在客廳裡看電視。

過了一會兒，彼得的心慢慢平靜了下來，心想：「剛對老婆好像太兇了，也許她真有東西想買，況且她平時也很少主動向我要錢，說不定是發生什麼急需用錢的事了。」

轉念一想，彼得走進房間，見老婆大人躺在床上，便上前輕聲問道：「老婆，妳睡了嗎？」

「還沒！」妻子回答。

「對不起，我……我剛才太兇了，這是妳要的三十塊美金！」彼得邊說，邊將錢遞給妻子。

「老公，謝謝你。」彼得的老婆開心地坐了起來，接著還從枕頭下面拿出兩張縐了的鈔票，然後一張一張地數著。

「一張、二張……五張，老公，我現在已經有五十塊美

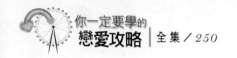

金了，我可以向你買一個小時的時間嗎？那請你明天早一點回家，因為我好想和你一塊兒吃晚餐，唉，我們好久沒有一起吃晚餐了，可以嗎？」

老婆深情地看著彼得，彼得這時才明白老婆的心意，不禁滿臉愧疚地說：「我知道了，明天我一定會早一點回來！」

「一切都是為了家計」，這句話可算是世界通用的台詞。

但再仔細想一想，真的是為了家計，還是我們根本從未好好安排工作與家庭間的時間分配呢？

這則動人的故事寫出了所有家人心中的盼望，其實在工作之外，我們最為重要的生活任務就在家中，所以，把屬於家人們的時間還給他們吧！

忙著工作的你，千萬不要忽略家庭生活，從現在開始，重新把工作和家庭時間仔細分配吧！別再輕忽略過你的家庭時間，別忘了，在我們工作出現瓶頸之時，當我們需要支持之時，只有家人才是我們唯一的依靠。

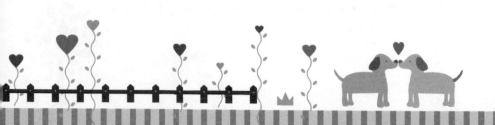

如何看穿愛人的心？

如果在交往中你發現她正在傳遞著愛的訊息，說明她已經悄悄愛上你了。當然，這僅僅是愛的萌芽，要讓它破土、生根、開花，還需要你辛勤地澆灌。

在男女交往過程中，如果你已經看出對方對你頗有好感，而你對她也已經留下了極為深刻的印象，那麼，你不妨開始著手計劃如何征服她的心。

性急的人總希望早點知道心儀的對象是否也喜歡自己，其實這並不難，仔細觀察她的一顰一笑一舉一動，就能發現她是否在傳遞著愛的資訊。

• 她經常注視你的動態，主動詢問你工作或學習的情況。

• 她常有意和你在一起，來找你，又總有不同的藉口。

• 她很想瞭解你家庭中的事，總是問你所關心的事情。

• 在你們相處的日子裡，你做過的事，說過的話，她比你還清楚。

• 你高興的時候，她比你還高興；你遇到了困難，她比你還難過。

• 她樂意將你介紹給她的親朋好友。

• 對你的穿著打扮、情緒變化都很敏感。

・她會主動送一些你最喜歡的東西作禮物，你若不收，她便難受。

・她的興趣愛好會逐漸向你靠攏，或雖有距離，表面上也不讓你失望。

如果在交往中你注意到以上的訊息，說明她已經悄悄愛上你了。當然，這僅僅是愛的萌芽，要讓它破土、生根、開花，還需要你辛勤地澆灌。

13.
多溝通，
心意才能一點就通

很多時候，人們經常認為自己的心意對方「應該」要一清二楚，這種「理所當然」往往就是爭執最大的來源之一。

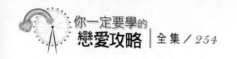

惡作劇，也能為愛增添情趣

如果能夠透過相互捉弄，使平淡的生活變得
多彩，既增添了生活情趣，又加深了兩人感
情，何樂而不為呢？

在平淡的感情生活中，有時惡作劇捉弄一下對方，在妳高
高興興享受捉弄人的樂趣的同時，對方也會因為被妳捉弄而感
到高興。

小時候，我們常常對別人惡作劇，也曾經被別人惡作劇。

比如說，看見對方從遠處走來，自己躲在牆角，等人走近
時忽然跳出來大叫一聲嚇對方一跳，自己則樂不可支，這不僅
僅是捉弄，更是一種愉悅。這就是惡作劇的幽默所在。

所謂的戲謔幽默，也就是雖然帶有很強的攻擊性，或表面
攻擊性強，對親密的人而言卻不具傷害性的幽默。

簡而言之，就是開的玩笑是帶有機智、哲理的玩笑，目的
是增加妳與對方的親密感。

就在離婚幾乎成為一種流行病的今日，B君的家庭生活卻
溫馨得有點讓人嫉妒。他與妻子結婚三年多，夫妻感情始終
都是那麼甜蜜。

　　B君是一個開朗的男人，經常喜歡和妻子開開玩笑，還會不時設計些小小的惡作劇捉弄妻子。

　　這天凌晨，B君突然把妻子推醒：「老婆妳聽，客廳裡有聲音！」

　　妻子伸手要開燈，B君卻故弄玄虛地對妻子說：「別開燈，踮著腳出去，悄悄走過去給他來個措手不及。」

　　妻子順從地穿上睡袍，只是，當她走到臥室門口的時候，B君又加了一句：「回來時順便幫我倒杯牛奶！」妻子大呼上當，但為時已晚。

　　不妨再看看另一個例子。

　　麥克和安娜夫妻婚後兩年多，兩人不僅感情依舊非常好，而且夫妻雙方還會不時地互相捉弄，使得本來就很和諧溫馨的關係更加美滿。

　　這一天，夫妻二人剛要入睡，一陣電話鈴聲急促地響起，安娜搖醒正在睡著的丈夫說：「電話鈴響了。這麼晚打來的，大概是你的。」

　　麥克披起衣服下床接電話。回來時發現妻子已經睡著，便搖醒她說：「不是我的。」

　　安娜只好起床，正要走出房門時，丈夫卻一邊笑一邊說：「其實是對方打錯號碼。」

　　安娜看著得意洋洋的丈夫，又好氣又好笑。

　　關於夫妻之間的相處，還有這樣一則笑話：

　　傍晚，妻子對丈夫說：「親愛的，今天不要去酒館了吧！我一個人在家裡太寂寞了。」

　　「這我能理解，艾莉莎。可是，如果我待在家裡的話，那麼我們兩人都會很寂寞的。」

　　這的確是一則令人深思的笑話。

　　在現實的生活當中，我們經常可以看到許多客氣得讓人羨慕的夫妻，最後卻莫名其妙地離了婚。其實說穿了，這都是寂寞惹的禍。

　　所以，在兩人的日常生活中，如果可以偶爾利用惡作劇來增添情趣，絕對不是一件壞事。

　　這樣一來，一方面能使得平靜的生活多一些笑聲，另一方面也可以讓平時壓抑的情感與慾望得到發洩。

　　由此我們就不難理解，前面幾個例子中的兩性關係，為什麼會那麼美滿了。如果能夠透過相互捉弄，使平淡的生活變得多彩，既增添了生活情趣，又加深了兩人之間的感情，何樂而不為呢？

多溝通，心意才能一點就通

很多時候，人們經常認為自己的心意對方
「應該」要一清二楚，這種「理所當然」往
往就是爭執最大的來源之一。

　　在日常生活中，我們經常可以看見許多情人為了一些事情動輒爭吵，事後又不分析原因，不設法解決。

　　甚至有的人還認為，如果可以一味忍耐，不發生口角和衝突，兩人的關係就會轉好。

　　事實上，只要回頭看看妳就會發現，這樣的關係或許的確會「很好」，但兩人之間卻不會有溫暖，不會出現火花。

　　因為他們忽略了一個事實，所有男女相處都存在著一定程度的矛盾，妳的另一半不會時時時刻都對妳溫柔似水，彼此希望對方滿足自己某些要求也是合理的，只要這些要求不苛刻就行。

　　妳應該明白，偶爾生氣和衝突是正常的現象，戀人吵架更是無輸贏之分，誰是誰非不可能明明白白。有時的結果，不過是做了某個「選擇」而已，而這個「選擇」往往來自一方的讓步。

　　想要兩人能越吵越親，愛情的連繫也越來越緊密，首先就

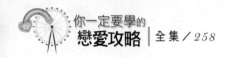
要能做到允許對方偶爾生氣。

如果妳明白，就算是彼此愛慕的一對有情人也不免會有嫉妒、煩惱和生氣的時候，那麼當對方出現這些情緒時，妳就不會驚慌失措，因為這並不意味著對方對妳已經沒有感情了。

也許，他只是因為工作的緣故而情緒低落，所以沒有力氣向妳表示熱情。但即使妳知道這暫時的不快不是妳的錯，也應該主動問他：「親愛的，我做了什麼事讓你生氣了嗎？」

如果回答是否定的，妳可以再問：「那麼，我能為你分憂嗎？」

如果對方表示不需要，就別再打擾他。有的時候，這些問候對他而言就已經是最好的安慰了。

再者，當對方情緒激動、控制不住自己的時候，不妨讓他發發火，讓他暴跳如雷，別去理睬他。

一個巴掌拍不響，一個人吵是吵不起來的；等他情緒平靜以後再慢慢說理，對方會更容易接受。

重點是，兩個人說話都要有分寸，即便忍不住爭吵，也不能因為一時氣憤口不擇言。

有的人吵架時，言語往往不留餘地，會說些：「你是不是管太多了」、「我要你怎樣就怎樣」、「你受不了可以走」等話，卻忘了這類話總是咄咄逼人，很容易引發更大的衝突。

還有，如果妳想要表達自己某種強烈的願望，最好直接告訴他「我想……」。比如，妳覺得兩人很久沒有到餐廳吃飯，不妨直說：「今晚我想到外面吃飯。」而不要說：「你看，隔壁鄰居每週至少帶老婆去一次西餐廳，而你呢？」

如果真的吵了起來，也要告訴自己必須就事論事。為了哪

件事吵，談這件事就行了，不要翻舊帳，也不要無限擴大。

不要隨便爲對方扣上「自私」、「無可救藥」、「卑鄙無恥」等帽子，這不過是一般的吵架，事情根本沒那麼嚴重。

不少男女在爭吵過程中，總是覺得自己有理，並且想要以這一點說服對方認輸，結果誰也不服誰，反而越說越有氣。

其實，兩人之間的爭吵，並沒有什麼原則性的問題，許多是是非非糾纏在一起，也不易分清，特別是在情緒激動時更不易講清楚。

如果爭吵到一定時間和一定程度，發現這樣下去還不能解決問題，那麼其中一方就要及時煞車，並提示對方休戰。

這並不是屈服投降，而是表示冷靜理智。

妳可以用幽默打破僵局，或者乾脆嚴肅地說：「我們暫停吧！這麼吵也解決不了問題，大家冷靜點，以後再說。」

很多時候，人們經常認爲自己的心意對方「應該」要一清二楚，這種「理所當然」往往也就是爭執最大的來源之一。

事實上，如果把爭吵當成是一種溝通，每吵一次，就等於對對方有更深一層的了解。長久下來，兩人之間的摩擦只會越來越少，感情默契也會變得越來越好。

愛情沒有誰輸誰贏

> 爭一時之氣對愛情來說是毫無意義的，唯有
> 懂得退一步海闊天空，才能讓感情達到心意
> 可以不必翻譯的最高境界。

兩個人相處想要長長久久，最首要的就是必須避免嘮叨、抱怨，並且要多多稱讚對方。

拿破崙三世的婚姻悲劇世人皆如，他的婚姻與愛情就是葬送在妻子尤琴永無休止的嘮叨上。

當初，拿破崙三世愛上這位美人時曾經十分自豪。在一篇皇家文告中他說：「我選了一位我敬愛的女人，我從沒有遇過這樣迷人的女人。」

尤琴這位全世界最漂亮的女人終於成為法國皇后。但是，尤琴的致命弱點卻差點毀了自己。她在丈夫面前總是百般挑剔，喋喋不休地批評他，指責他的種種不是，只要發生一點小事就絮絮叨叨沒完沒了。

她十分嫉妒，既看不起丈夫，又嫉妒別的女人，每天像中了邪一般人前人後數落丈夫的缺點，終於，拿破崙三世忍受不了妻子的精神虐待，於是逃出家門和情人幽會。

聰明的女人不會以抱怨和嘮叨使另一半感到難堪厭煩，相反的，她能夠使別人注意到另一半的長處，還能將他的缺點降低到最低的程度。她們稱讚自己的另一半，誇耀他的特長，表揚他的優點。

要知道，人都有依照外界的觀感強加性格發展的傾向。假如不斷讚美他，那麼在無意間，他就會表現得跟妳讚美的一樣好。因此，每個女人對另一半的稱讚其實都是一種鼓勵，這比直接教訓更能促使他把事情做好。

不過，雖然稱讚有激勵的作用，但並非總是最好的方法。

有對新婚夫妻，每到吃晚飯時妻子總會體貼地問丈夫：「今天的菜如何？」

為了不讓妻子失望，他總是回答：「很好吃！」

但是年輕的妻子卻每天問著同一件事，讓男子深感困擾，到了後來幾乎不知如何應對。

有位朋友告訴他，少許的批評也許有用。於是回家後，當妻子再次問他菜如何時，他立刻回答：「很好！不過稍微鹹了點。」

果真，妻子聽了不但不生氣，反而非常開心，因為這句話表示丈夫對她的確很重視。

由以上例子可以看出，一味和顏悅色地鼓勵對方，並非是最好的方法。有時在談話中加入一些批評，反而能使他更易接受。

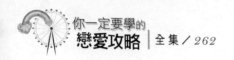

　　即便是恩愛的情侶，兩人共處的時間長了，難免會遇到不快樂的事，總也有相互頂撞的時候。如果妳不想到傷害對方的自尊心，就必須學會適時對他說「抱歉」。

　　要培養出一段相處愉快的感情，就必須懂得寬恕、容忍與退讓。要知道，爭一時之氣對於愛情來說是毫無意義的，唯有懂得退一步海闊天空的道理，才能讓感情達到「心意不必翻譯」的最高境界。

默契來自充分的了解

徹底了解對方所希望，以及最不能忍受的，
正是培養良好默契最重要的第一步。

　　《婚姻美滿的七條準則》一書的作者，哲學博士約翰‧葛特曼認為，輕蔑會加快感情的崩潰；兩人分手最明顯的徵兆之一，往往是無論對方說什麼，妳都不屑一顧。

　　兩人相處久了，難免潛伏著戰爭的導火線，在這場大戰一觸即發之際，是火上澆油，還是春風化雨，往往決定於妳。

　　有時候，恰到好處的一句話不僅能平息爭端，掌握主動權，還能讓你們的感情在磨合的過程中更親密。

　　指責的話剛脫口而出，妳就後悔了；和對方說話總是十分生硬，妳的本意也許是好的，可說出來卻全變了樣……。

　　在這些時候，一場爭執往往在所難免，錯誤的資訊傳遞眼看就要引發爭執。如果，能有更好的方式表達妳的感情，那該有多好。

　　其實，很多時候只是幾個字的小小改變，就能讓妳表達的意思有很大的不同。關鍵就在於調整妳的情緒，不要帶著火氣和抱怨，這才是創造和諧關係的秘密所在。

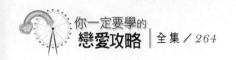
千萬不要說「我就知道你會這樣講」，而是要說：「你以前就曾經這樣說過，所以它一定還困擾著你。」

事實上，有很多話本身並非責難，除非妳用的是含沙射影的語氣。當妳面帶挖苦地說「我就知道你會那樣說」時，無異於是在用另一種方式罵對方是個「只會這麼說的笨蛋」。

用「你以前就曾經這樣說過，所以它一定還困擾著你」的說法，既能真誠地考慮到他的感受，又能表現出妳希望能為解決問題做些什麼。

只有儘量試著體會溝通，你們的感情才會更牢固。

葛特曼博士建議：「比如說，他必須很晚才能回家，那麼不妨幫他把愛看的電視節目錄下來。只有對彼此的目標、焦慮和希望有所了解，當要決定重大事件以及出現意見分歧時，你們才能夠更妥善地共同面對。」

確實，徹底了解對方所希望的，以及最不能忍受的，正是培養良好默契最重要的第一步。只要妳能做到，那麼要擁有一段美好而親密的關係，就不再是難事了。

相互肯定，才能建立美好關係

相互肯定是彼此建立良好關係的關鍵之一，有了美好的基礎，自然就可以打造出親密無間的默契與感情。

明尼蘇達州聖保羅大學家庭社會學教授，同時也是哲學博士的奧爾森認為，籠統地否定一切，只會讓你們的關係愈加緊張，所以「解釋清楚妳生氣的理由」是極為重要的。

假設，妳的另一半擁有諸多讓妳受不了的行徑，直到某天，妳也真的忍無可忍，但即使妳正在氣頭上，也千萬不要說：「你簡直快讓我抓狂。」而是要說：「你那樣做，我真的很難受。」

換句話說，妳得明確表達是什麼影響了妳的情緒。

妳需要強調他的行為帶給妳的感受，但不要列出一大堆的抱怨和委屈清單。記住，一次指出一個問題，諸如：「當我想跟你說話而你只顧自己看電視時，真的讓我很難過。」

越早說出自己當時的感受越好。

奧爾森博士同時解釋「你簡直快讓我抓狂」這句話，意味著妳的情緒經過長時間的壓抑之後，已經上升到一個極限。

還有，不要說：「這事你一直沒做對過。」而是要說：「你確實做了很多努力，但這種方式是不是太費勁了？」

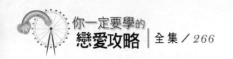

　　責備另一半行為不當的同時，妳可能也會提出自己認為正確和錯誤的做法。雖然說，看上去也許妳的方法最好，但事實上，它常常也帶有妳個人的主觀偏好，而妳卻不自覺。

　　責難會使兩人的感情疏遠，所以必須做到兩人地位平等。

　　例如，當需要做家事時，男人必須拋掉渴望舒服的想法，而女人也得放棄控制男人完成這件事的過程。因為顯然的，做他的顧問比對他比手畫腳效果要好得多。

　　千萬不要吝嗇對他的感激和肯定，這會讓他樂於繼續堅持下去。幸福的愛侶，往往是彼此欣賞的，所以，記得常常互相讚美，哪怕是日常生活中最細枝末節的地方，也別忘記對彼此說聲謝謝。

　　相互肯定是彼此建立良好關係的關鍵之一，有了美好的基礎，自然就可以打造出親密無間的默契與感情，久而久之，兩人的心意不必多做贅述，對方就能夠輕易了解。

意氣用事只會加深誤會

意氣用事會讓你們的關係有所改變，但這種改變只會是每下愈況。不僅不能讓他明白妳的想法，還會讓誤解加深。

　　兩性專家佩伯‧施沃茲博士指出，使用「總是」或者「從不」這樣的字眼，對方「此刻就不可能跟妳做正常的交談」。

　　同時，這種全盤否定的說法也等於是把問題的責任全都推到對方的身上，讓自己擺脫所有關聯。

　　妳的另一半總是喜歡自說自話，從來不願意靜下心傾聽妳的心聲嗎？當妳終於忍不住要爆發，千萬記得，別說：「為什麼你總是不聽我說？」而是要嚴肅地告訴他：「這對我真的很重要。」

　　「總是不聽我說」，這句話不僅充滿責備，而且還誇大了妳的怨恨。畢竟，即便是最不用心的人，對妳所說的話也會在意幾次。

　　相反的，以「這對我真的很重要」這句話作為開場白，則可以為妳打開一扇進行建設性對話的大門，並能讓妳有機會說出被他拒絕的話，而且提出解決問題的建議。

　　同時，在表述妳的觀點時要冷靜。赫沃德‧瑪克曼博士認

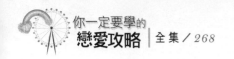

為，通常女人對男人最大的抱怨，就是他們完全不和妳說什麼；而男人們最一致的看法，卻是說得太多會引起爭執。

因此他建議，如果想讓另一半不僅聽妳說，而且多多和妳交流，就要從頭到尾做到心平氣和。

不要對他說：「說得對，我就是要離開你！」而要用：「那給我一種想要離開你的感覺。」

因為威脅雖然聽起來好像很引人注意，但它們往往也十分危險，而且沒有為進一步的交談留下餘地。

施沃茲博士解釋：「另一半可能會對妳說『再見』，或者譏諷妳不過是做做樣子，而這兩種結果都是對妳的一種羞辱。」

就算妳確實怒氣衝天一走了之，你們的關係也不會就此結束，尤其，如果你們已經成為夫妻，還可能牽涉到孩子的問題。

所以，千萬要告訴自己，把那些一觸即發的衝動放在心裡，畢竟妳「並不真的想要離開」，因此不妨轉而尋求能就此進行溝通的途徑。在這種情況下，只要關係還沒有破裂，說出真實的感受，有助於接觸到問題的根本。

對於大多數的愛情而言，動不動就用離開來進行威脅，只會隨著時間的推移讓威脅變成現實。同為兩性專家的葛特曼博士解釋：「這就有點像自殺，總是威脅要離開的人，只是將自己未來的道路一點一點逼進絕境。」

意氣用事或許會讓你們的關係有所改變，但這種改變絕不是變得更好，而只會是每下愈況。

它不能讓對方明白妳真正想要表達的想法，只會讓誤解越來越深，長此以往，想要做到讓自己的心意可以不必翻譯就直達他的心，只能說是越來越不可能達成的目標。

你一定要學的
撩妹攻略

How To make a girl chase you

凌雲＝編著

想撩妹，先學點撩妹心理學

作家威廉‧楊格曾說：
長得帥不帥當然是優質女孩選擇男友的條件之一，
但是，男人對她用不用心，卻是最後讓她決定和誰交往的關鍵因素。

的確，想要撩妹，長得帥不帥並不是重點，重要的是你能不能撩動對方的內心，
懂不懂她的言行舉止代表什麼意思。

想追女生，厚臉皮固然重要，但表達的技巧更重要，
如果碰到自己喜歡的女孩卻不知道該如何採取行動，
或是用錯方式造成反效果，必然讓你懊悔不已。
想要撩妹，就一定要學點撩妹心理學。

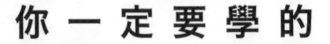

你一定要學的

撩　妹

How To make a girl chase you

心理學

凌雲＝編著

想要把妹，就不要怕被拒絕

作家安‧蘭德妹曾寫道：
**男人最大的遺憾，通常就是面對讓自己怦然心動的對象，
卻因為畏怯忐忑，未能將心中的愛意表達出來。**

如果你不想讓錯過的愛情成為心中永遠的痛，那麼面對喜愛的正妹，就必須放下忐忑不安的心，大大方方表現自己的心意。
千萬不要猶豫不決，也不要害怕遭到拒絕，如果你不適時放放電，又怎麼知道和對方來不來電？
想撩正妹，臉皮一定要厚，只要不患得患失，你就會恍然發現，其實對方並不像自己想像中那麼難追。

改變心情，
就能心想事成 全集

黛恩 著

Change
Your Mind

與其抱怨環境，不如調整自己的心境

作家西里曾經寫道：「同樣一件事情，用不同的心情去面對，最後所得出來的結果，通常會大相逕庭。」
確實，心情是決定事情成功與否的重要關鍵，心境一旦改變，事情就會朝不一樣的面向發展。
遭遇失敗、挫折、痛苦的時候，與其怪罪環境，不如調整自己的心境。
生命是由喜悅與悲傷、幸運與不幸、希望與失望交織而成的，想要心想事成，就必須試著改變面對環境的心情。

生活講義

132

你一定要學的戀愛攻略全集

作　　者　凌　雲
社　　長　陳維都
藝術總監　黃聖文
編輯總監　王　凌
出 版 者　普天出版社
　　　　　新北市汐止區康寧街 169 巷 25 號 6 樓
　　　　　TEL ／ (02) 26921935 (代表號)
　　　　　FAX ／ (02) 26959332
　　　　　E-mail：popular.press@msa.hinet.net
　　　　　http://www.popu.com.tw/
　　　　　郵政劃撥 19091443 陳維都帳戶
總 經 銷　旭昇圖書有限公司
　　　　　新北市中和區中山路二段 352 號 2F
　　　　　TEL ／ (02) 22451480 (代表號)
　　　　　FAX ／ (02) 22451479
　　　　　E-mail：s1686688@ms31.hinet.net
法律顧問　西華律師事務所‧黃憲男律師
電腦排版　巨新電腦排版有限公司
印製裝訂　久裕印刷事業有限公司
出 版 日　2019 (民 108) 年 1 月第 1 版
I S B N◉978-986-389-572-5　　　條碼 9789863895725
Copyright◎2019
Printed in Taiwan ,2019 All Rights Reserved

國家圖書館出版品預行編目資料

你一定要學的戀愛攻略 全集／
凌雲編著. —第 1 版. —：新北市, 普天
民 108.01 面；公分. - (生活講義；132)
ISBN◉978-986-389-572-5 (平裝)
CIP◎177.2